Modellierung der Nachhaltigkeitslücke

Umwelt und Ökonomie Band 26

Band 3: Helmuth-M. Groscurth
Rationelle Energieverwendung durch Wärmerückgewinnung
1991. ISBN 3-7908-0552-1

Band 7: Maria J. Welfens
Umweltprobleme und Umweltpolitik in Mittel- und Osteuropa
1993. ISBN 3-7908-0654-4

Band 8: Hans-Dietrich Haasis
Planung und Steuerung emissionsarm zu betreibender industrieller Produktionssysteme
1994. ISBN 3-7908-0768-0

Band 10: Maria J. Welfens/
Nadja Schiemann (Hrsg.)
Umweltökonomie und zukunftsfähige Wirtschaft
1994. ISBN 3-7908-0788-5

Band 11: Rolf Jacobs
Organisation des Umweltschutzes in Industriebetrieben
1994. ISBN 3-7908-0797-4

Band 12: Frank Jöst
Klimaänderungen, Rohstoffknappheit und wirtschaftliche Entwicklung
1994. ISBN 3-7908-0809-1

Band 13: Georg Müller-Fürstenberger
Kuppelproduktion
1995. ISBN 3-7908-0883-0

Band 14: Andreas Pfnür
Informationsinstrumente und -systeme im betrieblichen Umweltschutz
1996. ISBN 3-7908-0894-6

Band 15: Christian Kölle
Ökonomische Analyse internationaler Umweltkooperationen
1996. ISBN 3-7908-0901-2

Band 16: Rainer Souren
Theorie betrieblicher Reduktion
1996. ISBN 3-7908-0933-0

Band 17: Fritz Söllner
Thermodynamik und Umweltökonomie
1996. ISBN 3-7908-0940-3

Band 18: Thomas Nestler
Umweltschutzinvestitionen im Verarbeitenden Gewerbe
1997. ISBN 3-7908-0962-4

Band 19: Anja Oenning
Theorie betrieblicher Kuppelproduktion
1997. ISBN 3-7908-1012-6

Band 20: Graciela Wiegand
Die Schadstoffkontrolle von Lebensmitteln aus ökonomischer Sicht
1997. ISBN 3-7908-1024-X

Band 21: Karin Holm-Müller
Ökonomische Anreize in der deutschen Abfallwirtschaftspolitik
1997. ISBN 3-7908-1028-2

Band 22: Ronald Wendner
CO_2-Reduktionspolitik und Pensionssicherung
1997. ISBN 3-7908-1032-0

Band 23: Jochen Cantner
Die Kostenrechnung als Instrument der staatlichen Preisregulierung in der Abfallwirtschaft
1997. ISBN 3-7908-1033-9

Band 24: Gerd R. Nicodemus
Reale Optionswerte in der Umweltökonomie
1998. ISBN 3-7908-1089-4

Band 25: Bernd Klauer
Nachhaltigkeit und Naturbewertung
1998. ISBN 3-7908-1114-9

Bernd Meyer · Andreas Bockermann ·
Georg Ewerhart · Christian Lutz

Modellierung der Nachhaltigkeitslücke

Eine umweltökonometrische Analyse

Mit 10 Abbildungen
und 38 Tabellen

Physica-Verlag
Ein Unternehmen
des Springer-Verlags

Reihenherausgeber
Werner A. Müller
Martina Bihn

Autoren
Prof. Dr. Bernd Meyer
Dr. Georg Ewerhart
Fachbereich Wirtschaftswissenschaften
Universität Osnabrück
D-49069 Osnabrück

Dipl.-Vw. Andreas Bockermann
Dr. Christian Lutz
Gesellschaft für wirtschaftliche Strukturforschung mbH
Goldbreede 19
D-49078 Osnabrück

Internet: http://www.oec.uni-osnabrueck.de/fachgeb/makro/nhl.html

Drucklegung gefördert durch die Gesellschaft für wirtschaftliche Strukturforschung (GWS) mbH, Osnabrück.

ISBN-13: 978-3-7908-1122-3 e-ISBN-13: 978-3-642-48093-5
DOI: 10.1007/978-3-642-48093-5

Die Deutsche Bibliothek – CIP-Einheitsaufnahme
Modellierung der Nachhaltigkeitslücke: eine umweltökonometrische Analyse / von Bernd Meyer ... – Heidelberg: Physica-Verl., 1998
(Umwelt und Ökonomie; Bd. 26)

Umschlaggestaltung: Erich Kirchner, Heidelberg

SPIN 10679217 88/2202-5 4 3 2 1 0 – Gedruckt auf säurefreiem Papier

Vorwort

In den vergangenen Jahren hat das Statistische Bundesamt ein umfassendes Konzept für Umweltökonomische Gesamtrechnungen (UGR) als Ergänzung der Sozialproduktsberechnung entwickelt. Die Anfänge dieser Arbeiten standen zeitlich und inhaltlich im Zusammenhang mit dem Brundtland-Report, dem neuen Leitbild der *nachhaltigen Entwicklung* und dem Erdgipfel von Rio de Janeiro. *Mit der Natur rechnen*, wie der letzte Bericht des Club of Rome heißt, war und ist dementsprechend die Zielsetzung der UGR.

Anfänglich war man noch ausgesprochen optimistisch und glaubte, eine statistische Kennzahl für die *echte* Leistung und das Wachstum der Wirtschaft, bereinigt um Verschleiß und Verbräuche des natürlichen Vermögens, berechnen zu können. Mittlerweile ist man an Erfahrungen reicher. Auf vielfach verschlungenen Pfaden wurden die Berührungspunkte zwischen ökonomischer Theorie und statistischen Möglichkeiten erforscht. Im Ergebnis führte dies zu einem geänderten und genaueren Verständnis dessen, was eine realistische Aufgabenstellung für die UGR ist.

Wie ist nun der aktuelle Stand? Vielleicht hilft ein Bild dazu, den etwas komplizierteren Sachverhalt anschaulich darzustellen: Man stelle sich eine Pyramide aus Zahlen bestehend vor, bei der das Fundament aus Basisstatistiken besteht, in deren mittleren Teil die Basisdaten bereits nach wenigen Themenbereichen zusammengefaßt und systematisch aufbereitet worden sind, und deren Spitze hoch verdichtete Indikatoren (wie das Sozialprodukt) enthält. Bezogen auf dieses Bild existieren im Moment:

- Bauplan und Architektenmodell für die gesamte Pyramide,
- Pyramidenteile vom Fundament bis zur halben Höhe (z.B. Material- und Energieflüsse, Investitionen und Ausgaben für den Umweltschutz),
- spezielle, bereits getestete Konstruktionspläne für die noch fehlenden Fundamentteile sowie
- Skizzen und erste getestete Pläne für die Konstruktion der Pyramidenspitze.

Außerdem ist mittlerweile sehr deutlich geworden, an welcher Stelle die amtliche Statistik fremde Hilfe braucht oder welche Teile der Pyramide gar nicht Sache der Statistik sind, weil sie nicht aus konkretem Zahlenmaterial bestehen, sondern mit möglichst realistischen Modellen per Computer in einem wissenschaftlichen Institut simuliert werden müssen.

Vielleicht kann man das Bild sogar noch etwas weiter bemühen. Es gibt nämlich noch eine zweite Pyramide, bestehend aus Werturteilen und Zielen. Diese Pyramide wird entgegengesetzt gebaut, indem man bei der Spitze mit dem obersten Ziel (dem Leitbild der *nachhaltigen Entwicklung*, des *sustainable development*) anfängt und dieses dann Ebene für Ebene weiter aufteilt und dabei konkretisiert. Diese Zielepyramide besteht aus einer Hierarchie von Werturteilen, Präferenzen, Wägungsschemata und weiterem mehr.

Völlig klar ist, daß derartige normative Elemente nicht Sache von Experten und schon gar nicht Sache der Statistik sind. Letztlich werden die für makroökonomische Betrachtungen wesentlichen Ziele aus politischen Entscheidungsprozessen hervorkommen. Gleichwohl sind diese Zielepyramide und die Zahlenpyramide voneinander nicht unabhängig. Im Gegenteil! Einerseits werden für die Konstruktion (zumindest) der Spitze der Zahlenpyramide Werturteile benötigt. Andererseits kommt man zu vernünftigen Werturteilen letztlich nur über Informationen, also Zahlen. Dieses Hinüber und Herüber in den Griff zu bekommen und möglichst gut und durchschaubar zu organisieren, ist deshalb der Dreh- und Angelpunkt für die UGR, zumindest wenn es um die Fertigstellung der Pyramidenspitze geht.

Gerade die hiermit kurz skizzierte Rahmenkonzeption, in der es nicht zuletzt von Bedeutung ist, wie die Rollen auf die verschiedenen Akteure eines Entscheidungsprozesses verteilt sind, ist ein Produkt der Entwicklung der UGR und der Diskussionen im *Beirat zur Umweltökonomischen Gesamtrechnung*. Die Statistik hat sich, so die Sprachregelung des Beirats, auf das *Ist* zu konzentrieren, während das *Soll* Sache der Politik ist. Schließlich gibt es noch die Frage, was die Überbrückung von *Ist* zu *Soll* kostet. Hier beginnt das Arbeitsgebiet der ökonometrischen Modellrechnung.

Ein wesentliches Element der Beschlüsse von Rio de Janeiro sind die Verpflichtungen zur Reduktion von umweltbelastenden Schadstoffen. Nicht zuletzt die langwierigen Verhandlungen bei der Weltklimakonferenz in Kyoto Ende des vergangenen Jahres haben gezeigt, wie außerordentlich schwer substantielle Vereinbarungen zur Umweltentlastung über Ländergrenzen hinweg zu treffen sind. Ursache hierfür ist auch, daß Instrumente zur Abschätzung der ökonomischen Folgen von Reduktionszielen und -maßnahmen noch nicht genügend entwickelt sind. Die in diesem Band präsentierten Ergebnisse umweltökonometrischer Modellrechnungen mit dem Modell PANTA RHEI der Universität Osnabrück zielen exakt auf diese bedeutsame umweltpolitische Informationslücke. Hauptziel der Studie war, u.a. anhand der Zielsetzung einer Reduktion der CO_2-Emissionen zu zeigen, welchen Beitrag Umweltökonomische Gesamtrechnungen und Modellsimulationen im Verbund für Politikberatung leisten können.

Die Arbeiten am Fachbereich Wirtschaftswissenschaften der Universität Osnabrück wurden als Forschungsauftrag im Rahmen der Weiterentwicklung der UGR des Statistischen Bundesamtes durchgeführt. Im Projektverlauf zeigte sich, daß eine Vielzahl von Umweltdaten aus den amtlichen UGR zusätzlich mit Erfolg in das Modell integriert werden konnten, und daß diese Integration die Aussagekraft und -tiefe der Ergebnisse gegenüber früheren Modellrechnungen erheblich verbesserte. Gleichzeitig konnten seitens der Modellbauer konkrete umwelt- und modellspezifische Datenwünsche an das Statistische Bundesamt herangetragen werden.

Das Aufgabengebiet der amtlichen Statistik umfaßt nicht Prognosen über zukünftige Entwicklungen, die insbesondere im Spannungsfeld Ökonomie-Ökologie von zunehmender politischer Bedeutung sind. Die vorhandenen ökonometrischen Modelle in Deutschland hingegen haben bisher kaum umweltspezifische Daten berücksichtigt. Die in diesem Projekt entwickelte Arbeitsteilung zwischen amtlicher Statistik und der Forschungsebene ist deshalb richtungsweisend für die Zukunft. Die Ergebnisse der vorliegenden Studie zeigen, daß es bei der Modellierung der Veränderungen ökonomischer Strukturen hin zu einer nachhaltigen Wirtschafts- und Lebensweise nicht um die Berechnung einer Kostengröße im Sinne eines *Ökosozialprodukts* gehen wird, sondern vielmehr um das Abstecken einer Bandbreite von Werten, die ihrerseits abhängen von den dabei getroffenen Modellannahmen einerseits und umweltpolitischen Vorgaben bzgl. der Reduktionsziele und einzusetzenden Maßnahmen andererseits.

Sowohl die Wissenschaftler der Universität Osnabrück als auch das Statistische Bundesamt sehen in dieser Arbeitsteilung eine positive und ausbaufähige Konstellation, um für umweltpolitische Entscheidungsprozesse geeignete Informationen liefern zu können. Gelingt es, das Instrument *Umweltökonometrische Modellrechnungen* so auszubauen und mit entsprechenden Daten zu untermauern, daß die wirtschaftlichen und sozialen Folgen von Reduktionszielen für eine Vielzahl von Umweltproblemen hinreichend modelliert werden können, könnten sich die Verhandlungen der gesellschaftlichen Entscheidungsträger über Umweltbelastungsziele auf wesentlich bessere statistische Informationen stützen und damit um ein Vielfaches effizienter gestalten lassen.

Im Februar 1998

Johann Hahlen

Präsident des
Statistischen Bundesamtes

Prof. Dr. Bernd Meyer

FB Wirtschaftswissenschaften
Universität Osnabrück

Danksagung

Das Autorenteam möchte sich an dieser Stelle noch einmal ganz herzlich für die außerordentlich fruchtbare Zusammenarbeit mit den Projektbetreuern auf seiten des Auftraggebers, Prof. Dr. Carsten Stahmer, Walter Radermacher, Angela Heinze und Wolfgang Riege-Wcislo bedanken.

Osnabrück, im Februar 1998

Inhaltsverzeichnis

1 Fragestellung und Ergebnisse

1.1 Zur Fragestellung

Deutschland hat sich im Anschluß an die Konferenz der Vereinten Nationen für Umwelt und Entwicklung 1992 in Rio de Janeiro dem Ziel einer nachhaltigen, umweltgerechten Politik verpflichtet (Bundesregierung 1994, 1997, BMU 1996). In diesem Zusammenhang wurde als erstes konkretes Handlungsziel eine Reduktion der CO_2-Emissionen in Westdeutschland bis zum Jahr 2005 um 25 vH gegenüber 1990 beschlossen.

Als die *Nachhaltigkeitslücke* einer Volkswirtschaft soll hier die Distanz zwischen der tatsächlichen und einer nachhaltigen Nutzung der natürlichen Umwelt durch die Ökonomie, u.a. in Form von Ressourcenverbrauch und Schadstoffausstoß, bezeichnet werden. Die in dieser Monographie diskutierten Modellierungen gehen somit von einer umweltbezogenen Definition des Begriffs Nachhaltigkeitslücke aus (Majer/Stahmer 1996).

Während das Inlandsprodukt die gesamtwirtschaftliche Leistung der real existierenden Volkswirtschaft mißt, wird durch die Modellierung der Nachhaltigkeitslücke die Leistung der hypothetischen, nachhaltig wirtschaftenden Ökonomie dargestellt. Anders formuliert ist das Ziel dieser Modellrechnung, einen monetären Indikator zu erhalten, der die Volkswirtschaftlichen Gesamtrechnungen (VGR) um die externen Effekte ergänzt, die aufgrund der Zusammenhänge zwischen Ökonomie und Ökologie bestehen und nicht über den Markt erfaßt und bewertet werden.

Während bei Umweltökonomischen Gesamtrechnungen (UGR) bis in die späten achtziger Jahre in erster Linie über *belastungsbezogene*, am aktuellen Umweltzustand orientierte Ansätze diskutiert wurde, erscheint aus heutiger Sicht eine *verursachungsbezogene*, an den Auswirkungen der heutigen Wirtschaftstätigkeit in der Zukunft orientierte Konzeption sinnvoller (Dieren 1995, Kap. 13). Die verschiedenen Varianten finden sich im *System for Integrated Environmental and Economic Accounting* (SEEA) der Vereinten Nationen (1993) wieder. Die Darstellung der ökonomisch-ökologischen Wechselbeziehungen ist dabei nicht in das traditionelle Rechenwerk der Volkswirtschaftlichen Gesamtrechnungen aufgenommen, sondern als ergänzendes Satellitensystem eingerichtet worden.

Bei der verursachungsbezogenen Konzeption lautet die Frage: Was muß heute getan werden, um zukünftige Belastungen zu vermeiden? Das Leitbild *sustainable development* bildet die normative Zielvorstellung, die hier untrennbar mit den Umweltökonomischen Gesamtrechnungen verbunden ist (Bartelmus 1996). Das Leitbild muß dabei im Hinblick auf sämtliche relevanten Themen der ökonomischen Umweltnutzung konkretisiert werden. Bei der Setzung dieser *Nachhaltigkeitsstandards* „sind die Umweltökonomischen Gesamtrechnungen (UGR) letztlich unvermeidlich auf den gesellschaftlichen und den politischen Raum verwiesen", um von möglichst unstrittigen Vorgaben ausgehen zu können (SRW 1996, Tz. 73ff).

Beim belastungsbezogenen Konzept werden dagegen die Wertminderungen des (nicht-produzierten) Naturvermögens vom herkömmlichen Nettoinlandsprodukt abgezogen. Man kann dabei auf statistisches Datenmaterial aus dem Kernsystem der Volkswirtschaftlichen Gesamtrechnungen zurückgreifen und damit im Rahmen der auf ex post-Rechnung ausgerichteten Gesamtrechnung verbleiben. Dieser Ansatz weist aber insbesondere zwei Schwächen auf: Zum einen ergeben sich bei der Bewertung des Naturkapitals schwerwiegende Probleme. Zum anderen wird sich eine nachhaltige Wirtschaft auch in ihren ökonomischen Strukturen deutlich von der heutigen unterscheiden, was bei dieser statischen Abzugsmethode nicht berücksichtigt werden kann (Brouwer/O'Connor 1996).

Das verursachungsbezogene *modelling*-Konzept versucht gerade diesen Wandel der ökonomischen Strukturen auf dem Wege zu einer nachhaltigen Wirtschaft zu erfassen. Zur Quantifizierung der Kosten für ein Schließen der Nachhaltigkeitslücke, den gesamtwirtschaftlichen *Vermeidungskosten*, wird ein *Simulationsmodell* verwendet, mit dem die Entwicklung der Volkswirtschaft einschließlich ihrer Auswirkungen auf die natürliche Umwelt für verschiedene Szenarien verglichen wird, für ein Basisszenario und für alternative Vermeidungsszenarien.

Die sich ergebende Differenz des bei der Durchführung einer Vermeidungsstrategie realisierten Nettoinlandsprodukts zum Inlandsprodukt in der Basisprognose mißt dann die gesamtwirtschaftlichen Vermeidungskosten der betrachteten Strategie. Anders formuliert stellen die Vermeidungskosten eine Abschätzung der volkswirtschaftlichen Opportunitätskosten dar, die bei einem Schließen der Nachhaltigkeitslücke entstünden. Dieses Vorgehen, eine hypothetische, nachhaltig wirtschaftende Ökonomie und den Übergang dahin mittels Modellsimulation zu beschreiben, wirft eine Vielzahl grundsätzlicher Fragen auf.

Dabei erscheint es aus konzeptioneller Perspektive sinnvoll, die Nachhaltigkeitslücke einer Volkswirtschaft als eine komplexe Funktion vieler Variablen zu betrachten und zu modellieren. Die Ermittlung ihres eindeutigen Niveaus ist aber vorerst wohl noch nicht möglich, weil:

- *sustainability standards* erst für einzelne Umweltthemen und -ziele allgemeingültig festgelegt worden sind,
- die Berücksichtigung der internationalen Dimension der Umweltproblematik schwierig ist,
- die zur Vermeidung eingesetzten umweltpolitischen Instrumente (einschließlich der gegebenenfalls zu berücksichtigenden Kompensation) nicht vorgebbar sind sowie
- das zur Berechnung einzusetzende Modell nicht zweifelsfrei ausgewählt werden kann.

Gleichwohl ist die modellmäßige Ermittlung gesamtwirtschaftlicher Vermeidungskosten für möglichst viele Umweltthemen, unterschiedliche Nachhaltigkeitsniveaus und Instrumente unverzichtbar. Zum einen stellen solche partiellen Betrachtungen substantielle Informationen für die umweltpolitische Entscheidungsfindung bereit. Die im Rahmen dieser Studie durchgeführten Simulationsrechnungen stellen Beispiele aus diesem Forschungsprogramm dar. Zum anderen helfen partielle Erkenntnisse, bestehende Interdependenzen zu lokalisieren.

Es zeichnet sich damit in diesem Bereich der Umweltökonomischen Gesamtrechnungen die folgende Arbeitsteilung zwischen amtlicher Statistik und wissenschaftlichen Forschungsinstitutionen ab: Es ist im Dialog zwischen beiden Parteien zu klären, welche Daten von der Statistik konkret bereitgestellt werden müssen, damit auf ihrer Basis die Modellsimulationen von den Forschungseinrichtungen durchgeführt werden können. Anders formuliert: Das Ökosozialprodukt als „amtliches" statistisches Ergebnis ist tot. Es lebe das Nettoinlandsprodukt einer nachhaltigen Volkswirtschaft als Ergebnis wissenschaftlicher Modellrechnungen! (Radermacher/Stahmer 1996)

In der vorliegenden Studie werden die Modellierungs- und die Datenproblematik für den Bereich der Luftschadstoffemissionen ausführlich und für den Landschaftsverbrauch auf konzeptioneller Ebene diskutiert.

Im Kapitel 2 wird zunächst über die sehr unterschiedlichen umweltökonomischen Modellansätze diskutiert. Dabei wird schließlich den „umweltökonometrischen Input-Output-Modellen" der Vorzug gegenüber anderen Ansätzen, insbesondere gegenüber den umweltökonomischen allgemeinen Gleichgewichtsmodellen, gegeben. In Kapitel 3 wird ein umweltökonometrisches Input-Output-Modell vorgestellt. Es trägt den Namen PANTA RHEI und ist ein sektoral tief disaggregiertes Modell, das die umweltökonomischen Zusammenhänge in angemessener Komplexität beschreibt.

In den Kapiteln 4, 5 und 6 wird dieses Modell zur Abschätzung der gesamtwirtschaftlichen Vermeidungskosten unterschiedlicher Maßnahmen der Luftreinhaltungspolitik eingesetzt. Als Datenbasis bei der Modellierung der Schnittstellen zwischen Ökonomie und Ökologie fungieren hierbei die Ergebnisse der Umweltökonomischen Gesamtrechnungen zur Luftschadstoff-Emittentenstruktur (Thomas 1993, 1996) sowie Daten über die Reduktionspotentiale und Kosten der verfügbaren NO_x-Vermeidungstechnologien (Statistisches Bundesamt/Statistics Netherlands 1996). Im Kapitel 4 geht es zunächst allein um die Reduktion von CO_2-Emissionen, während im Kapitel 5 die Analyse auf eine Reduktion der wesentlichen klimarelevanten sowie der wesentlichen versauerungsrelevanten Luftschadstoffemissionen ausgedehnt wird. Im Kapitel 6 wird dann die Reduktion von Stickoxidemissionen unter Berücksichtigung des angesprochenen Technologiedatensatzes simuliert.

Im Rahmen des hier dokumentierten Forschungsprojekts werden nationale Vermeidungsstrategien mit einem Ein-Land-Modell („Inselpolitik") gerechnet. Die Reaktionen des Auslands auf solche Politikmaßnahmen können dabei prinzipiell in Form exogener Annahmen berücksichtigt werden. Die vollständige Analyse einer international abgestimmten Umweltpolitik wäre nur in einem Weltmodellsystem sinnvoll, in dem die nationalen Ökonomien auf der Ebene der Energieträger bilateral verknüpft sind.

Im Kapitel 7 werden schließlich aus der Perspektive des Modellbauers Anforderungen für eine Datenbasis formuliert, die geeignet ist, um auf ihrer Grundlage eine Politik der Vermeidung der Zunahme von Siedlungs- und Verkehrsflächen adäquat zu modellieren.

1.2 Zur Modellierung umweltpolitischer Instrumente

In der umweltökonomischen Lehrbuchliteratur (siehe z.B. Siebert 1995, Wicke 1993) wird ein breites Spektrum an umweltpolitischen Instrumenten diskutiert. Eine wesentliche Rolle spielt dabei die Diskussion Preis- versus Mengenpolitik bzw. Abgaben versus Zertifikate (Bonus 1994). Ein weiteres wichtiges Unterscheidungsmerkmal ist, ob das betrachtete Instrument zu öffentlichen Einnahmen führt oder nicht. Falls Einnahmen entstehen, muß - zumindest im Rahmen einer gesamtwirtschaftlichen Totalanalyse - eine zusätzliche Annahme über deren Verwendung formuliert werden (Schöb 1995).

Bei der empirischen Wirkungsanalyse umweltpolitischer Maßnahmen werden üblicherweise Abgaben bzw. Steuern modelliert. Ihre Abbildung ist besonders einfach, weil dabei der Preis für die Umweltnutzung exogen fixiert ist, und keine zusätzlichen Interdependenzen in der Modellstruktur auftreten. Im Rahmen des hier dokumentierten Forschungsprojekts werden standardmäßig ebenfalls Steuern als Instrument der Umweltpolitik modelliert.

Darüber hinaus wird hier wir eine spezielle Zertifikatsvariante verwendet, die *jährliche Auktionsvariante,* und mit der Steuervariante verglichen. Bei der klassischen Lehrbuch-Zertifikatsvariante entstehen für den Staat maximal einmalig Einnahmen, und zwar bei der Ausgabe der Lizenzen. Bei einem Ausgabepreis von null fallen sogar überhaupt keine Staatseinnahmen an. Bei der im Modell PANTA RHEI abgebildeten jährlichen Auktionsvariante entsteht ein dauerhaftes Aufkommen dadurch, daß in jeder einzelnen Periode ein festgelegtes Kontingent an Emissionsrechten versteigert wird, während die Rechte der Vorperiode verfallen.

Dadurch, daß hier ein dauerhaftes Aufkommen entsteht, besteht bei dieser spezifischen Zertifikatsvariante wie bei der Steuererhebung die Möglichkeit zu kompensatorischer Politik. Bei gleicher Annahme bezüglich der Kompensation lassen sich daher in einem trial and error-Verfahren dieselben Ergebnisse wie bei der Steuerpolitik generieren. Der Unterschied besteht theoretisch allein darin, daß hier die Emissionsmenge und dort der Emissionspreis vorgegeben wird. In der Anwendung benötigt man aber unterschiedliche Modellstrukturen: Im Fall der Mengenpolitik braucht man ein zusätzliches Modul zur Bestimmung des Preises für Emissionen. Da dieser Preis im Fall der Steuervariante exogen gegeben ist, wird dieses Zusatzmodul hier nicht benötigt.

In der zukünftigen Modellversion PANTA RHEI 3, in der die Input-Output-Rechnung ebenso wie auch die Energieträgerrechnung für (Gesamt-) Deutschland eingebaut ist, kann auch die klassische Lehrbuch-Zertifikatsvariante simuliert werden (Meyer/Bockermann/Ewerhart/Lutz 1998).

1.3 Die Ergebnisse der Modellrechnungen

In den Kapiteln 4 bis 6 werden verschiedene umweltpolitische Maßnahmen für Westdeutschland simuliert. Beim Vergleich der Ergebnisse mit den sich bei einer Fortführung der bisherigen Luftreinhaltepolitik (*business as usual*) ergebenden Entwicklung zeigen sich die Vermeidungskosten der verschiedenen Maßnahmen.

In Kapitel 4 wird eine *CO_2-Steuer* mit einem ab 1996 linear ansteigenden Steuersatz eingeführt, um die CO_2-Emissionen bis zum Jahr 2005 gegenüber 1990 um 25 vH zu reduzieren. Drei Viertel der anfallenden Steuereinnahmen werden zur Senkung der Arbeitgeberbeiträge zur Sozialversicherung eingesetzt. Den Rest verwendet der Staat zur Senkung seiner Defizite. Wird diese Simulationsrechnung mit der beschriebenen Zertifikatsvariante (*jährliche Versteigerung*) wiederholt, ändern sich die Ergebnisse nur unwesentlich.

Als Folge dieser CO_2-Vermeidungsstrategie liegt das reale Bruttoinlandsprodukt Westdeutschlands im Jahr 2005 um gut 5 vH niedriger als bei Fortsetzung der bisherigen Umweltpolitik. Es wächst aber weiterhin deutlich mit durchschnittlich fast 1 vH pro Jahr. Gleichzeitig nimmt die Beschäftigung sogar kräftig zu, weil durch die Senkung der Lohnnebenkosten der Faktor Arbeit in sämtlichen Bereichen der Volkswirtschaft billiger wird. Der positive Kosteneffekt ist dabei stärker als der negative Produktionseffekt. Aus diesem Grund liegt auch das Preisniveau nur geringfügig höher als ohne Einführung der CO_2-Steuer. Insgesamt wird das Umweltziel bei gleichzeitigen Beschäftigungsgewinnen (*doppelte Dividende*) mit vertretbaren gesamtwirtschaftlichen Kosten erreicht.

Auf sektoraler Ebene sind erwartungsgemäß die energieliefernden und die energieintensiv produzierenden Produktionsbereiche besonders stark negativ betroffen, während in den meisten anderen Bereichen die höheren Energiekosten durch veränderten Vorleistungseinsatz und niedrigere Arbeitskosten ausgeglichen werden können. Aus diesem Grund verschlechtert sich auch die Außenhandelsposition in den Schlüsselbranchen der deutschen Wirtschaft nicht. Auch die Konsumstruktur der privaten Haushalte verschiebt sich, ebenfalls induziert durch die preislichen Anreize, zugunsten derjenigen Güter und Dienstleistungen, deren Produktion - direkt und indirekt - mit weniger Schadstoffausstoß verbunden ist.

Werden die Steuersätze und damit die CO_2-Minderungsziele variiert, so zeigt sich, daß die simulierte gesamtwirtschaftliche CO_2-Grenzvermeidungskostenkurve einen steigenden Verlauf aufweist: Die ersten Emissionsminderungsschritte können mit geringeren Kosten pro vermiedener Tonne CO-Ausstoß erreicht werden als weitergehende Minderungsziele. Es zeigt sich weiterhin, daß nach dem Jahr 2005 in begrenztem Umfang weitere CO_2-Reduktionen mit höheren Steuersätzen erreichbar sind.

In Kapitel 5 werden die Simulationsrechnungen auf sieben weitere Luftschadstoffe ausgedehnt. Zwei Punkte sind hierbei zu beachten: Erstens stehen für die energiebedingten Luftschadstoffemissionen - anders als für CO_2, zumindest auf absehbare Zeit - technische Reduktionspotentiale bereit, die im Modell PANTA RHEI durch technologische Trends abgebildet werden. Zweitens werden einige dieser Schadstoffe in hohem Maße durch nicht-energiebedingte Prozesse hervorgerufen, die ebenfalls in das Modell integriert sind.

Auf dieser Basis können nun umfassendere Umweltziele als in Kapitel 4 abgebildet werden: Es wird hier eine Verringerung zum einen der wesentlichen *klimarelevanten*, und zum anderen der wesentlichen *versauerungsrelevanten* Luftschadstoffe simuliert. Außerdem wird die in Kapitel 4 untersuchte CO_2-Steuer auf ihre Klima- und Versauerungswirkung hin untersucht.

Bei der Klimasteuer ergeben sich ähnliche gesamtwirtschaftliche Ergebnisse wie bei der CO_2-Steuer und vergleichsweise bessere Resultate als bei der Versauerungssteuer, d.h. die simulierten Opportunitätskosten der Klimasteuer sind geringer als die der Versauerungssteuer. Unterschiede manifestieren sich auch bei einzelnen Sektoren und dem Einsatz verschiedener Energieträger gemäß ihrer Emissionsintensität. So wird der NO_x-intensive Straßenverkehr, der damit besonders zur Versauerung beiträgt, von der Versauerungssteuer stärker belastet als von der Klimasteuer.

Bis hierher wird unterstellt, daß der Einsatz von Emissionsminderungstechniken unabhängig von den Emissionskosten erfolgt. Für Stickoxide liegen aber Abschätzungen über den Zusammenhang beider Größen vor. Sie werden in Kapitel 6 in das Modell PANTA RHEI integriert. Offen ist damit aber noch die Frage, ob und wann die Vermeidungstechniken eingesetzt werden, wenn die Emissionen durch eine NO_x-Steuer verteuert werden, deren Steuersatz von Jahr zu Jahr linear ansteigt.

Für diese Analyse werden zwei unterschiedliche Investitionshypothesen unterstellt: Erstens ein kurzfristig orientiertes Investitionskalkül, bei dem die Investoren ihre Entscheidung durch Vergleich der jeweils anfallenden Emissionskosten, d.h. Steuerzahlungen, mit den Kosten der Vermeidungstechnik - Investition plus zusätzliche laufende Aufwendungen - treffen. Zweitens ein langfristiges Investitionskalkül, bei dem die Investoren den Gegenwartswert der mit den angekündigten Steuersätzen berechneten Steuerzahlungen mit dem Barwert der Kosten der Vermeidungstechnik vergleichen.

Im Ergebnis zeigt sich, daß bei dem unterstellten langfristigen Investitionskalkül eine weiter gehende NO_x-Minderung bei geringeren gesamtwirtschaftlichen Vermeidungskosten als im Fall des kurzfristigen Investitionskalküls erreicht wird. Die Vermeidungskosten sind abhängig vom Verhalten der Investoren, das wiederum maßgeblich durch die Glaubwürdigkeit der Umweltpolitik determiniert wird. Das Schließen der Nachhaltigkeitslücke ist somit bei einer verläßlichen, langfristig angekündigten und marktkonformen Umweltpolitik mit geringeren volkswirtschaftlichen Kosten verbunden.

1.4 Die Ergebnisse der Studie hinsichtlich der Datenerfordernisse

Die Datenerfordernisse für Modellrechnungen mit umweltökonometrischen Input-Output-Modellen können zusammenfassend mit folgender Formel beschrieben werden: Benötigt werden möglichst lange historische Zeitreihen (mindestens 15 Jahre mit vergleichbaren Tabellen und möglichst tiefer Gliederung) der Input-Output-Rechnung sowie dazu konsistenter Satellitensysteme für alle relevanten Bereiche der ökonomischen Umweltnutzung mit physischen Angaben und monetären Angaben in jeweiligen und in konstanten Preisen. Die so definierte Datenbasis wird zwar auch seitens der Politik als wesentlicher, integraler Bestandteil der Umweltökonomischen Gesamtrechnungen angesehen (Bundesregierung 1996), de facto sind aber noch substanzielle Lücken auszumachen, insbesondere in bezug auf die Verfügbarkeit langer Zeitreihen.

In puncto Input-Output-Rechnung lassen sich mit Blick auf das heute verfügbare Datenmaterial drei Problemfelder lokalisieren. Erstens liegen keine genügend tief disaggregierten Informationen für die Variablen Anlageinvestitionen nach investierenden Bereichen, Anlagevermögen nach investierenden Bereichen, Produktionssteuern und Subventionen gemäß dem neuen Gebietsstand (Deutschland, 58 Bereiche, Jahre ab 1991) vor. Zweitens fehlen Input-Output-Tabellen in konstanten Preisen. Das dritte und größte Problem wird sich durch die bevorstehenden Änderungen im System der deutschen Volkswirtschaftlichen Gesamtrechnungen mit dem Übergang auf das neue Europäische System Volkswirtschaftlicher Gesamtrechnungen (ESVG) ergeben. Die heute vorliegende lange Reihe zumindest prinzipiell vergleichbarer Input-Output-Tabellen (1978 bis 1990 für das frühere Bundesgebiet, 1991 und 1993 für Deutschland) wird durch diese Änderung nicht weiter fortgeführt werden können.

Um auch in den nächsten Jahren (und nicht erst wieder in 15 Jahren) Modellrechnungen mit ökonometrischen Input-Output-Modellen durchführen zu können, lautet die dringliche Empfehlung, diese Zeitreihe nicht zu entwerten, sondern sie weiterhin nutzbar zu halten. Dazu sollte entweder die Input-Output-Rechnung im zukünftigen VGR-Veröffentlichungsprogramm auch gemäß der „alten" Klassifikation ausgewiesen werden, oder die „alte" Zeitreihe einmalig in die neue Klassifikation umgerechnet werden.

Die zweite Variante (Rückrechnung) erscheint vorteilhaft, denn die Erfahrung lehrt, daß nach einer gewissen Anpassungszeit die Akzeptanz von Analysen und Ergebnissen in „alter" Gliederung schnell abnimmt. In diesem Zusammenhang sollten auch die o.a. fehlenden Variablen sowie Input-Output-Tabellen in konstanten Preisen für die Jahre 1978 bis 1994 in der neuen Gliederung bereitgestellt werden.

In bezug auf die Satellitensysteme stellt sich die tatsächliche Datenverfügbarkeit sehr heterogen dar. Für die energiebedingten Luftschadstoffemissionen steht z.B. ein vollständiges, mit der Input-Output-Rechnung kompatibles Satellitensystem als lange Zeitreihe für die Jahre 1978 bis 1993 zur Verfügung.

Als besonders leistungsfähig erweisen sich die vom Statistischen Bundesamt auf der Mikroebene einzelner Prozesse bereitgestellten Daten über Vermeidungskosten bei der Reduktion von NO_x-Emissionen. Im Kapitel 6 wird gezeigt, daß im Rahmen von Simulationsmodellen auf der Basis dieser Daten die Investitionsentscheidungen der Unternehmen und ihre Konsequenzen auf Kosten, Güternachfrage und Umweltbelastung realistisch abgeschätzt werden können. Simulationsrechnungen dieser Art dürften für die Umweltpolitik sehr nützlich sein. Es kann deshalb uneingeschränkt die Empfehlung ausgesprochen werden, entsprechende Datensätze über die Einsparpotentiale und Kosten verfügbarer Vermeidungstechnologien auch für andere Schadstoffe zu ermitteln.

Eine so gute Situation besteht aber leider nicht für alle Felder der ökonomischen Umweltnutzung. Im Bereich der Flächennutzung (vgl. Kapitel 7) ist die Diskrepanz zwischen Soll- und Ist-Zustand besonders kraß. Konzeptionelle Arbeiten für eine vollständige, mit der Input-Output-Tabelle kompatible Darstellung der Bodenbedeckung nach Produktionsbereichen und Bodenbedeckungsarten liegen vor (Krack-Roberg/Schäfer 1997). Bezüglich der Umsetzung ist z.Zt. aber nur eine erste Schätzung für zwei Spalten dieser Matrix, die Bodenbedeckungsarten „Verkehrsflächen insgesamt“ und „Straßenverkehrsflächen“, für ein einzelnes Jahr (1993) verfügbar. Von der oben formulierten notwendigen Datenbasis ist man damit noch weit entfernt. Die Zurechnung auf die Produktionsbereiche bereitet dabei besondere Probleme, sie kann offenbar nur unvollständig auf primärstatistischem Material basiert werden.

Aus Sicht des Modellbaus sollte die Priorität bei der Datenproduktion im Bereich der Flächennutzung auf der Bereitstellung von Zeitreihen liegen, während bei der Gliederung nach Produktionsbereichen Abstriche temporär in Kauf genommen werden könnten. Schon die Unterteilung der Volkswirtschaft in vielleicht nur 2, 4 oder auch 10 aggregierte Produktionsbereiche wäre sehr hilfreich, wenn dafür Zeitreihen vorlägen.

Auch eine für jede Bodenbedeckungsart unterschiedlich gegliederte Information wäre dann brauchbar. Relevante Veränderungen im Bereich der Bodennutzung schlagen sich unmittelbar bei der Aufteilung zwischen den verschiedenen Arten der Bodenbedeckung nieder, sofern letztere nur fein genug gegliedert sind. Die Zurechnung auf die Produktionsbereiche über die primärstatistische Information hinaus kann auch von der amtlichen Statistik nur auf der Basis von Hypothesen geleistet werden.

2 Typen umweltökonomischer Simulationsmodelle

2.1 Disaggregiert versus aggregiert

Die in der Literatur diskutierten empirischen Umweltmodelle (zumeist Energiemodelle) sind i.d.R. hoch aggregiert bzw. allenfalls im Energiesektor disaggregiert. Für eine solche Vorgehensweise sprechen der geringe Aufwand, die gute Handhabbarkeit sowie die geringeren Anforderungen an die Datenbasis. Für manche Fragestellungen mögen dies die entscheidenden Argumente sein. Andererseits erfordert eine am Verursacherprinzip orientierte Umweltmodellierung eine möglichst weitgehende Disaggregation bei Produzenten und Konsumenten, um die Schnittstellen zwischen Ökonomie und Ökologie sachgerecht abbilden zu können.

Disaggregierte Modelle können grundsätzlich *top down* oder *bottom up* konstruiert sein. Leider wird dieses Begriffspaar in der Literatur zu den Energie- und Luftschadstoffmodellen aber nicht einheitlich verwendet. Vielfach werden bottom up-Modelle als technologieorientierte, ingenieurwissenschaftliche Studien charakterisiert, die sich auf die Verfügbarkeit und die Leistung individueller Energietechnologien konzentrieren (z.B. Fankhauser 1995, Kap. 6). Alle ökonomischen Ansätze sind nach dieser Sichtweise top down-Modelle. Diese Terminologie ist ungeeignet. Sie übersieht insbesondere die Tatsache, daß es unter den ökonomischen Ansätzen sowohl top down als auch bottom up konzipierte Input-Output+Energie-Modellierungen gibt.

Im folgenden werden hier drei Klassen von Modellen unterschieden:

1. Technologische Energiemodelle,
2. (Ökonomische) top down-Modelle und
3. (Ökonomische) bottom up-Modelle.

Als *technologische Energiemodelle* werden diejenigen Modelle angesprochen, die von Fankhauser (1995) als bottom up-Ansätze bezeichnet werden. Bei diesen ingenieurwissenschaftlichen Systemen werden makroökonomische Variablen wie das Bruttoinlandsprodukt und der Energieverbrauch i.d.R. exogen vorgegeben. Zur Ermittlung von gesamtwirtschaftlichen Vermeidungskosten sind solche Studien nicht geeignet, da sämtliche Auswirkungen eines geänderten Technologiemix auf die ökonomischen Variablen nicht berücksichtigt werden können.

Bei der ökonomischen *top down-Modellierung* sind ein makroökonomisches Modell und ein disaggregiertes (ökonomisches) Modell, und zwar oft nur eine konstante Input-Output-Matrix, logisch hintereinandergeschaltet, so daß die Ergebnisse des Makromodells bei der Lösung des disaggregierten Modells vorgegeben werden. Für dieses Konstruktionsprinzip findet sich in der Input-Output-Literatur zuweilen auch die Bezeichnung *gekoppeltes Modell* (Holub/Schnabl 1994, S. 594f).

Beispielsweise wird bei der DIW/Greenpeace-Studie (DIW 1994) ein Input-Output-Modell mit konstanten Inputkoeffizienten mit einem aggregierten makroökonometrischen Konjunkturmodell gekoppelt. Für eine solche Architektur spricht die mit der Rekursivität verbundene einfache Handhabbarkeit.

Dieser Vorteil wird allerdings dadurch erkauft, daß die gesamtwirtschaftliche Vorgabe mehr oder minder nur auf die Branchen heruntergebrochen werden kann. In der Konsequenz bedeutet diese Art der Modellierung, daß keinerlei Interdependenz zwischen gesamtwirtschaftlicher Entwicklung und Strukturwandel abgebildet wird.

Schon die Verwendung einer einzelnen Input-Output-Tabelle diskreditiert diesen Ansatz, denn jede Politik zur Dämpfung des Energieverbrauchs hat einen dramatischen Strukturwandel zur Folge, der durch die Interdependenz von Preisen und Mengen gestaltet wird. Diese Komplexität kann bei der Verwendung nur einer Input-Output-Tabelle nicht abgebildet werden. Die Kritik der Verwendung des statischen Leontief-Modells trifft auch die Arbeiten von Proops/Faber/Wagenhals (1993), die Studie der Prognos AG (1993) und die RWI/ifo-Studie (Hillebrand/Wackerbauer/Behring u.a. 1996).

Ökonomische *bottom up-Modelle*, die in der Literatur auch als *vollintegrierte Modelle* (Holub/Schnabl 1994, S. 594f) bezeichnet werden, können demgegenüber den Zusammenhang zwischen Strukturwandel und gesamtwirtschaftlicher Entwicklung in angemessener Weise abbilden. Die gesamtwirtschaftlichen Aggregate ergeben sich bei diesem Konstruktionsprinzip per Definitionsgleichung - quasi nachrichtlich - aus den sektoralen Prozessen, eben von unten.

Dabei kann die Abhängigkeit der Branchen von den jeweils individuell relevanten Erklärungsvariablen sachgerecht modelliert werden. Ein Beispiel für ein vollintegriertes Modell stellt das in dieser Studie eingesetzte umweltökonometrische Modell PANTA RHEI dar.

2.2 Dynamisch versus statisch

Die umweltökonomischen Modelle lassen sich in statische und dynamische Modelle unterscheiden. Bei der dynamischen Modellierung gibt es zwei Zeitkonzepte, die logische und die historische Zeit. In diesem Abschnitt werden die unterschiedlichen Konzepte beschrieben und die typischen Modelleigenschaften herausgearbeitet.

2.2.1 Statische Modelle

Statischen Modellen fehlt jedes Zeitkonzept. Die Zeit erscheint als Modellvariable überhaupt nicht. Insofern sind (komparativ-) statische Analysen in den meisten Fällen ungeeignet. Bei ihnen ist es zwar möglich, den Ausgangszustand A und den Endzustand E eines Systems zu beschreiben. Der Entwicklungsprozeß von A nach E geht dabei unendlich schnell, sozusagen zeitlos vonstatten. Der Zustand der Volkswirtschaft zwischendurch ist unbekannt, und über die Dauer des Anpassungsprozesses kann nichts ausgesagt werden. Die statische Darstellungsweise setzt implizit voraus, daß von der zeitlichen Dimension wirtschaftlichen Handelns abstrahiert werden kann, ohne die Erklärungskraft der dargestellten Theorie zu beeinträchtigen (Witt 1987, S. 10).

2.2.2 Dynamische Modelle

Die übliche Form zur Erfassung der zeitlichen Dimension ökonomischer Prozesse ist das aus der Mechanik übernommene Konzept der *logischen Zeit.* Der Zeitpunkt eines Ereignisses wird bei dieser Konzeption durch eine stetige Variable beschrieben und die Zeitspanne zwischen zwei Ereignissen durch die Differenz zwischen den Werten ihres Datums errechnet.

Bei dieser Konstruktion wird der Zeit die mathematische Struktur von Punkten auf einer Geraden zugeschrieben, wodurch das Verstreichen von Zeit als Bewegung im Raum erscheint. Die Zeit erhält dadurch den selben Status wie eine räumliche Variable. Wie in der Newtonschen Physik wird die Zeit einfach als zusätzliche Dimension angesehen, wodurch das Instrumentarium der Differential- und Integralrechnung Anwendung finden kann (Bausor 1994, S. 326).

Bei dieser Konzeption ist die Richtung der Zeit nicht eindeutig festgelegt. Bei einer Teilmenge der dynamischen Modelle mit logischer Zeit (konservativen dynamischen Systemen und den dissipativen dynamischen Systemen mit Startpunkten auf dem Attraktor), können Vergangenheit und Zukunft vollkommen symmetrisch behandelt werden (Lorenz 1993, S. 77ff). Die Zeit ist reversibel, d.h. umkehrbar. Geometrisch sind beide Richtungen symmetrisch um das *Jetzt* angeordnet. Die mathematische Struktur solcher Modelle erlaubt es, daß sich die Zeit in die eine wie in die andere Richtung bewegt. Dabei ist es reine Konvention, höhere Zahlen auf der Zeitachse mit *später* zu verbinden. Da sich nichts ändert, und das System sich stets reproduziert, gibt es keine Notwendigkeit für Historie, und die Zeit verschwindet (Bausor 1994, S. 327).

Das Alternativkonzept zur logischen ist die *historische Zeit.* Unsere tagtägliche Empfindung der Zeit steht in krassem Widerspruch zu den beschriebenen Eigenschaften der Modelle mit logischer Zeit wie Zeitumkehrbarkeit und fehlende Vergangenheit. Wir leben im Jetzt (*moment-in-being*, Shackle (1958)) und erleben eine fundamentale Asymmetrie zwischen Vergangenheit und Zukunft. An die Vergangenheit erinnern wir uns, wir haben Evidenz und Wissen. Für die Zukunft können wir dagegen nur Prognosen bilden, haben Hoffnungen, Ängste und Erwartungen. Wir empfinden die Zukunft als durch und durch unsicher.

Daraus leitet sich auch unser Empfinden für Ursache und Wirkung ab, und damit für Auswahlmöglichkeit und Motivation. Die Zeit bewirkt nicht nur eine erkenntnistheoretische, sondern auch ein kausale Asymmetrie um die Gegenwart. Wir können zukünftige Ereignisse heute auslösen, aber wir können nicht heute darüber entscheiden, was wir gestern tun werden. Die Zeit ist damit irreversibel.

Faber/Proops (1993, S. 68ff) unterscheiden nun zwischen drei Ursachen von Zeitirreversibilität, nämlich Risiko, Unsicherheit und teleologische Abfolge. *Risiko* besteht immer dann, wenn zukünftige Ereignisse nicht mit voller Sicherheit, sondern nur mit bekannten objektiven oder subjektiven Wahrscheinlichkeitsverteilungen in Verbindung gebracht werden können. *Unsicherheit* bezieht sich demgegenüber auf Neuigkeiten, die definitiv unvorhersehbar sind. Für das Eintreten solcher Ereignisse sind ex ante keine Wahrscheinlichkeiten aus der Vergangenheit ableitbar.

Eine *teleologische Abfolge* ist dadurch gekennzeichnet, daß zur Erreichung eines Ziels (griechisch: *telos*) bestimmte Entscheidungen und Handlungen nacheinander in einer festen Reihenfolge, aufeinander aufbauend, durchgeführt werden müssen. Faber/Proops (1993, S. 71) führen in diesem Zusammenhang insbesondere die Österreichische Kapitaltheorie an, in deren Rahmen die Produktion von Konsumgütern die vorherige Produktion von Kapitalgütern zwingend erfordert.

Bausor (1994, S. 328) leitet aus der Irreversibilität der Zeit drei Kriterien ab, die die Modellbildung in historischer Zeit erfüllen muß:

- Da jeder Moment einzigartig in die individuelle Vergangenheit eingebettet ist, müssen die Erwartungen eines Individuums in diesem Moment ebenfalls einzigartig sein. Anderen Zeitpunkten müssen unterschiedliche Erwartungen zugeordnet sein.
- Die Konsequenzen jeder individuellen Entscheidung müssen zeitlich nach der Entscheidung selbst stattfinden.
- Modelle mit historischer Zeit müssen Ungleichgewichtszustände beschreiben können. Sie dürfen nicht auf die Abbildung gleichgewichtiger Situationen beschränkt sein, bei denen ex post-Ergebnisse nicht von ex ante-Plänen unterscheidbar sind.

2.2.3 Resümee: Zeitkonzepte in umweltökonomischen Modellen

Fragen des umweltökonomischen Wandels können i.d.R. mit statischen Modellen nicht adäquat angesprochen werden, denn umweltpolitische Vermeidungsstrategien sind üblicherweise langfristig angelegt. Zur Simulation der Effekte solcher Strategien erscheint daher generell die Anwendung dynamischer Systeme sinnvoll. Der Anpassungsprozeß benötigt Zeit.

Wenn beispielsweise wegen einer deutlichen Energieverteuerung alle Anzeichen für weniger energieintensive Produktions- und Verbrauchsstrukturen sprechen, so können die für diese Umstellung notwendigen Investitionen nicht auf der Stelle durchgeführt werden. Andererseits mag der statische Ansatz bei einzelnen Fragestellungen hinreichend sein, sofern der mit einer Maßnahme verbundene Strukturwandel nicht zu umfassend ist.

Unter den dynamischen Modellen erscheinen die Eigenschaften der Modelle mit historischer Zeit weitaus realistischer als die der Modelle mit logischer Zeit. Die aufgeführten Anforderungen an die Analyse in historischer Zeit stellen aber eine große Hypothek für die formale Modellierung dar. Faber/Proops (1993, S. 101) sprechen in diesem Zusammmenhang treffend von einem augenscheinlichen trade off zwischen Operationalität und umfassender Berücksichtigung der Zeitirreversibilität in der ökonomischen Analyse.

2.3 Unterschiedliche wirtschaftstheoretische Perspektiven

Im folgenden wird zunächst eine sehr weit angelegte Klassifikation umweltökonomischer Modelle von Bergh (1996, S. 22ff) vorgestellt, die die Modelle entsprechend der ihnen zugrunde liegenden theoretischen Perspektive einordnet. Er unterscheidet dabei zwischen 12 unterschiedlichen Ansätzen. Bergh betont, daß es sich um eine provisorische und nicht überschneidungsfreie Klassifikation handelt. Auch ohne nähere Beschreibung der einzelnen Modellierungsansätze zeigt seine im folgenden aufgeführte Liste, daß eine sehr große

Bandbreite an umweltökonomischen Modelltypen existiert. Weitere Vorschläge zur Klassifikation umweltökonomischer Modelle finden sich bei Braat/Lierop (1987).

1. Neoklassik-Gleichgewicht
2. Neoösterreichisch-temporal
3. Ökologisch-evolutorisch
4. Evolutorisch-technologisch
5. Physikalisch-ökonomisch
6. Biophysikalisch-energiezentriert
7. Systemtheoretisch-ökologisch
8. Ökologisch-technisch
9. Humanökologisch
10. Sozio-biologisch
11. Historisch-institutionell
12. Ethisch-utopisch

Im Rahmen dieses Abschnitts wird der Fokus auf die Input-Output-basierten umweltökonomischen Modelle gerichtet, d.h. auf die Klasse der gesamtwirtschaftlichen Input-Output-Modelle mit integrierten Umwelt-Submodellen (Bergh 1996, S. 44f). Wenn man der Arbeitshypothese zustimmt, daß von umweltpolitischen Vermeidungsstrategien stets auch Veränderungen der Wirtschaftsstrukturen ausgehen, so benötigt man zur Beschreibung dieser Struktureffekte zwangsläufig das Instrumentarium der Input-Output-Analyse.

Bei dieser Vorgabe lassen sich in der Literatur drei Modellansätze finden, die im folgenden im Hinblick auf ihre Verwendbarkeit zur Berechnung gesamtwirtschaftlicher Vermeidungskosten diskutiert werden: Ein lineares Programmierungsmodell, die berechenbaren allgemeinen Gleichgewichtsmodelle und die ökonometrischen Input-Output-Modelle.

2.3.1 Ein lineares Optimierungsmodell

Boer/Haan/Voogt (1994) verwenden ein lineares Programmierungsmodell, um das maximal erzielbare Nettoinlandsprodukt für die Niederlande zu berechnen, wenn dort die Umweltbelastung auf ein exogen vorgegebenes, nachhaltiges Niveau reduziert wird. Als Datenbasis verwenden sie die niederländische NAMEA (National Accounting Matrix including Environmental Accounts) für das Jahr 1989. Eine NAMEA enthält neben einer integrierten und abgestimmten Darstellung von Input-Output-Rechnung und VGR-Kontensystem physische Angaben über die in diesem Jahr durch Produktion und Endverbrauch verursachten Belastungen der Umwelt nach Produktionsbereichen und Schadstoffen (Keuning 1996).

Die zu maximierende Zielvariable des Modells ist das Nettoinlandsprodukt (NIP), berechnet von der Entstehungsseite. Die gegebenen Standards - maximal zulässige Emissionsmengen für die verschiedenen Schadstoffe - werden bei der (statischen) Optimierung als bindende Nebenbedingungen berücksichtigt. Dabei werden die Inputstrukturen, die Emissionskoeffizienten und auch die Preise konstant gehalten.

Die Verringerung der zugelassenen Emissionen sämtlicher Schadstoffe um je 5 vH bewirkt dann eine Verringerung des Nettoinlandsprodukts um 6.6 vH (Boer/Haan/Voogt 1994, S. 452). Auffällig ist die lineare Reaktion des Modells: Werden sämtliche im Nationalen Umweltpolitischen Plan der Niederlande für das Jahr 2000 gesetzten Ziele (darunter: Reduktion des Abfallaufkommens um knapp zwei Drittel) vorgegeben, muß das Aktivitätsniveau der Volkswirtschaft nach dieser Modellrechnung um 64.2 vH(!) gegenüber dem Niveau des Jahres 1989 sinken (Boer/Haan/Voogt 1994, S. 452).

Die mehr oder minder lineare Reaktion des Modells ist aber nicht überraschend, da mit gegebener Technologie produziert wird, die Preise nicht reagieren können, und keine technischen Maßnahmen zur Reduktion der Schadstoffemissionen ergriffen werden. Das Modell generiert keinen spürbaren Struktureffekt, da technologischer Wandel und preisinduzierte Substitution in der End- und Vorleistungsnachfrage nicht stattfinden können.

Wegen dieser starren Modellstrukturen ist das System dann auch bestenfalls zur Analyse marginaler Variationen der Umweltstandards geeignet. Zudem erlaubt es der komparativ-statische Ansatz nicht, die Rolle der Zeit bei weitreichenden umweltpolitischen Strategien adäquat zu berücksichtigen.

2.3.2 Berechenbare allgemeine Gleichgewichtsmodelle

Die Modelle aus dieser Gruppe (englisch: **CGE** oder **AGE**-Modelle (**C**omputable bzw. **A**pplied **G**eneral **E**quilibrium Models) sind dadurch gekennzeichnet, daß sie in Anlehnung an die walrasianische Theorie von einem allgemeinen Konkurrenzgleichgewicht mit flexiblen Preisen und intersektoral mobilen Faktoren ausgehen. Zudem unterstellen sie Dichotomie zwischen der realen und der monetären Sphäre einer Volkswirtschaft (Shoven/Whalley 1992, Klepper u.a. 1994, Böhringer 1996).

Ursprünglich handelte es sich bei diesem Forschungsansatz um den Versuch, dem theoretischen Modell des allgemeinen Gleichgewichts ein numerisches Abbild zur Seite zu stellen. Dabei reizte der grundsätzliche Vorteil der numerischen Simulation, mit größeren Modellen arbeiten und damit mehr Detail und Komplexität berücksichtigen zu können als in den einfachen analytischen Modellen (Shoven/Whalley 1992, S. 2). Mit diesem Anspruch ergab sich aber auch die Notwendigkeit, bestehende Unvollkommenheiten für bestimmte Märkte wie beispielsweise eine nur beschränkte Mobilität der Produktionsfaktoren oder unvollständige Konkurrenz bei der Modellierung zu berücksichtigen.

Traditionelle Anwendungsfelder der CGE-Modelle sind Fragen zur Liberalisierung des Welthandels in Rahmen von Mehr-Länder-Modellen sowie Analysen zur Effizienz des Steuersystems. Seit den achtziger Jahren werden dabei zunehmend auch Fragen nach der Wirkung von Umweltsteuern behandelt. Modelle für Deutschland finden sich z.B. bei Conrad/Wang (1993), Böhringer u.a. (1997) und Michaelis (1997). Trotz vieler unterschiedlicher Varianten - in der Literatur sind inzwischen viele Dutzend CGE-Modelle beschrieben - werden im folgenden zunächst ihre charakteristischen gemeinsamen Theorieelemente zusammengestellt. Die Darstellung lehnt sich an Klepper u.a. (1994, S. 515ff) an.

Das übliche (statische) Grundmodell unterscheidet die Sektoren Unternehmen, private Haushalte, Staat und Ausland, wobei der Unternehmenssektor durch die Input-Output-Verflechtung disaggregiert abgebildet ist. Der repräsentative Unternehmer eines Produktionsbereichs betreibt bei gegebener Technologie Gewinnmaximierung, und der repräsentative Konsument maximiert bei gegebener Budgetrestriktion seinen Nutzen. Es herrscht vollkommene Konkurrenz auf Güter- und Faktormärkten. Damit bestimmen nur die relativen Preise die Angebots- und Nachfragedispositionen der Agenten, und sämtliche Märkte sind geräumt.

Für die Vorleistungsnachfrage wird üblicherweise eine konstante Technologie unterstellt, entweder in Form fixer Inputkoeffizienten oder vorgegebener Substitutionselastizitäten. Bei der Modellierung der Endnachfrage ergibt sich die Aufteilung des privaten Verbrauchs nach Gütergruppen aus der Nutzenmaximierung des Konsumenten. Für den Außenhandel gelten die Annahmen des kleinen Landes, also gegebene Weltmarktpreise sowie vollkommen elastische Exportnachfrage und vollkommen elastisches Importangebot im Ausland. Die handelbaren Güter werden als imperfekte Substitute zu den Gütern aus inländischer Produktion behandelt.

Der Staatsverbrauch oder alternativ der Finanzierungssaldo des Staates wird exogen vorgegeben. Weitere typische exogene Variablen sind Steuersätze und andere Parameter der distributiven Tätigkeit des Staates, der reale Wechselkurs sowie der Handelsbilanzsaldo in Auslandswährung.

Für empirische Anwendungen muß dieses theoretische Gerüst nun mittels historischer Daten „kalibriert" werden (Shoven/Whalley 1992, S. 103ff). Dazu wird zunächst ein in sich konsistenter gesamtwirtschaftlicher Datensatz für ein bestimmtes Referenzjahr zusammengestellt, in dessen Zentrum die Input-Output-Tabelle und das Kontensystem der Volkswirtschaftlichen Gesamtrechnungen stehen.

Nun wird unterstellt, daß dieser Datensatz einen Gleichgewichtszustand der betreffenden Volkswirtschaft beschreibt. Anschließend wird das beschriebene theoretische Modell mit expliziten Funktionen versehen, und die freien Parameter werden per Dreisatz so bestimmt, daß das Modell den Referenzdatensatz exakt trifft. Damit ist das CGE-Modell anwendungsbereit.

Zur Durchführung von Simulationsrechnungen wird bei einem statischen Modell der Vektor der historisch beobachteten Werte für die exogenen Variablen im Referenzjahr variiert. Dabei kann sich die Änderung auf eine einzelne oder auf mehrere Exogene gleichzeitig beziehen. Die Lösung des Modells für die geänderten Werte der exogenen Variablen führt zu einem neuen allgemeinen Gleichgewicht. Die sich ergebende Differenz zwischen den Werten der endogenen Modellvariablen in der neuen Gleichgewichtslösung gegenüber den Referenzwerten wird als die Wirkung der Variation der exogenen Variablen interpretiert. Wie oben dargestellt, erlauben statische Modelle keine Aussage über die Dauer des Übergangs vom Ausgangs- zum Endgleichgewicht.

Bei den dynamischen CGE-Modellen lassen sich bezüglich der zeitlichen Lösungsstruktur zwei Varianten unterscheiden: Solche, die sequentiell, d.h. Periode für Periode gelöst werden können und solche, die nur simultan für den gesamten Simulationszeitraum gelöst werden können (Klepper u.a. 1994, S. 528ff).

Ausgehend von einem statischen Modell gelangt man zu einem *sequentiell lösbaren dynamischen Gleichgewichtsmodell* durch die Einbeziehung verzögerter Beziehungen. Die Lagstrukturen finden üblicherweise über einfache Erwartungshypothesen und über die Fortschreibung des Kapitalstocks Eingang in die Modelle. Lösungstechnisch wird dadurch die Modellösung des Modells in Periode *t* abhängig von der Lösung in der Vorperiode. Jede einzelne Periode kann zwar weiterhin für sich gelöst werden, aber die Reihenfolge, in der die Periodengleichgewichte berechnet werden, ist im Gegensatz zum statischen Modell hier nicht mehr gleichgültig.

Ein sogenanntes *vollständig dynamisches Gleichgewichtsmodell* erhält man schließlich, wenn perfekte Voraussicht, rationale Erwartungen und intertemporal optimierendes Konsum- und Investitionsverhalten der Wirtschaftssubjekte unterstellt werden. Im Optimierungsproblem sind dann nicht nur die Variablen der gegenwärtigen, sondern auch die aller zukünftigen Perioden exakt oder als Erwartungswerte vorhanden. Diese Modelle müssen daher simultan über den gesamten Planungshorizont gelöst werden.

Die dabei getroffenen Modellannahmen, nach denen die Entscheidungen der Wirtschaftssubjekte auf einer perfekten Voraussicht über den gesamten Zeithorizont der Modellsimulationen (oftmals Jahrzehnte) basieren, bezeichnen Proops/Faber/Wagenhals (1993, S. 98) als unrealistisch. Auch Stephan (1993) votiert für die Verwendung einfacher (myopischer) Erwartungen in CGE-Modellen, um den Gesichtspunkt der Unsicherheit abzubilden. Der Trend geht aber dennoch - gemessen an der Zahl der Publikationen - hin zu den intertemporalen Ansätzen.

Die umweltökonomischen Analysen auf der Grundlage von CGE-Modellen bieten zwar eine Darstellung des Strukturwandels in der geforderten Form, aber sie verwenden nur eine einzige Input-Output-Tabelle. Die fehlende Information über den Strukturwandel ersetzt man hier ohne ökonometrischen Test durch die Annahmen der neoklassischen Theorie und die Vorgabe von Substitutionselastizitäten. Man mag zweifeln, ob dies der richtige Ansatz ist. Gerade bei der Analyse des Strukturwandels erscheint die neoklassische Vorstellung eines permanent realisierten Gleichgewichts falsch.

Die Unternehmen verfügen bei langfristigen Entscheidungen nicht über die notwendigen Informationen, um das Optimum bestimmen zu können. Zudem sind viele Märkte, insbesondere im Energiebereich, weit entfernt von Konkurrenzbedingungen. Vor allem aber ist die neoklassische Produktionsfunktion, die nur Substitution entlang der Isoquante erlaubt, kein geeignetes Instrument zur Erklärung des Vorleistungseinsatzes: Weil Vorleistungsinputs im Produktionsprozeß physischer Bestandteil des Produkts werden, bedeutet jede Änderung der Inputstruktur eine Änderung der Produktqualität und damit der Produktionsfunktion (Georgescu-Roegen 1990).

2.3.3 Ökonometrische Input-Output-Modelle

In dieser Klasse lassen sich alle Input-Output-Modelle zusammenfassen, bei denen die Preis-Mengen-Interdependenz durch ökonometrisch getestete Verhaltensfunktionen repräsentiert wird. Dabei lassen sich wiederum neoklassische, neo-keynesianische und evolutorische Ausprägungen unterscheiden. In der Literatur spricht man bei dieser Form der Modellierung auch von *traditionellen* ökonometrischen Input-Output-Modellen.

Barker (1997, S. 167) bezeichnet diese Modellklasse als in mehrfacher Hinsicht allgemeiner als die allgemeinen Gleichgewichtsmodelle. Ihr besonderes Kennzeichen ist, daß sie die Interdependenz von Mengen und Preisen abbilden, ohne die Restriktivität der allgemeinen Gleichgewichtsmodellierung vorgeben zu müssen. Die neoklassische Variante dieser Modelle (Jorgenson/Wilcoxen 1993) unterscheidet sich von den CGE-Modellen allein dadurch, daß ihre Parameter ökonometrisch geschätzt sind. Die theoretische Grundkonzeption ist aber die selbe wie bei den CGE-Modellen.

Die neokeynesianischen und die evolutorisch geprägten Ansätze unterstellen gegenüber dem neoklassischen Ansatz begrenzte Rationalität der Agenten. Als Vertreter dieser Gruppe sind insbesondere die Modelle des internationalen INFORUM-Systems (Almon 1991) und des europäischen Modellsystems E3ME (Barker/Gardiner 1996) zu nennen. In dieser Klassen von Modellen werden z.B. die Preise nicht als Gleichgewichtspreise, sondern aufgrund der Marktunvollkommenheiten und der beschränkten Information der Wirtschaftssubjekte durch mark up-Preissetzung bestimmt. Die Verhaltenshypothesen werden grundsätzlich nicht ungeprüft vorgegeben, sondern müssen den üblichen ökonometrischen Tests standhalten.

Die Modelle sind so weitgehend wie möglich disaggregiert, und die gesamtwirtschaftlichen Aggregate werden i.d.R. durch explizite Aggregation bottom up berechnet. Bei einer hochgradig simultanen Modellstruktur ist die interindustrielle Verflechtung ebenso erfaßt wie die Einkommensentstehung und -verteilung in den verschiedenen Sektoren, die Umverteilungstätigkeit des Staates und die Einkommensverwendung der privaten Haushalte für die verschiedenen

Güter und Dienstleistungen (Holub/Schnabl 1994, S. 594f). Dabei sind die Inputkoeffizienten variabel und hängen üblicherweise von den relativen Preisen und einem Zeittrend ab.

Bei den exogenen Variablen der ökonometrischen Input-Output-Modelle handelt es sich, ähnlich wie bei den CGE-Modellen, typischerweise um Variablen des Auslands, des Arbeitsmarktes sowie um die Aktionsparameter der Wirtschafts- und Umweltpolitik. Formal betrachtet stellen die Modelle nichtlineare, sequentiell lösbare dynamische Modelle dar. Ökonometrische Input-Output-Modelle arbeiten prinzipiell auch mit dem gleichen Satz an Variablen wie die CGE-Modelle (Input-Output-Rechnung, Arbeitsmarktdaten, VGR-Kontensystem etc.).

Allerdings werden die CGE-Modelle auf der Grundlage nur einer „Jahresscheibe“ dieser Datenbasis numerisch spezifiziert, während bei ökonometrischen Input-Output-Modellen eine lange Zeitreihe verwendet wird, um die Parameter der Verhaltensfunktionen zu ermitteln. Ökonometrische Modelle sind somit viel aufwendiger validiert als die CGE-Modelle, denn zu ihrer ex post-Anpassung wird ein Vielfaches an historischer Information verwendet. Das Modell muß nicht nur ein (beliebiges) Jahr, sondern jedes einzelne Jahr des Stützzeitraums mit hinreichender Genauigkeit reproduzieren können.

Dabei wird insbesondere das dynamische Verhalten der Modelle getestet, üblicherweise mittels der dynamischen ex post-Simulation, die bezeichnenderweise auch die „historische Simulation“ genannt wird. Schließlich werden ökonometrische Modelle in der Regel auch zum Zweck der ex ante-Prognose konstruiert und eingesetzt. Die dabei routinemäßig angewendeten Plausibilitätsanalysen dürften ihre Validität weiter erhöhen.

2.3.4 Resümee: Wirtschaftstheoretische Modellperspektiven

Den Vergleich zwischen den berechenbaren allgemeinen Gleichgewichtsmodellen und den ökonometrischen Input-Output-Modellen bei der Wirkungsanalyse umweltpolitischer Strategien sehen wir im Gegensatz zu Destais (1996, S. 99) nicht als weiterhin offen an. Der vergleichsweise dürftige Validierungsprozeß der CGE-Modelle läßt die Klasse der ökonometrischen Input-Output-Modelle als allgemein besser geeignet erscheinen, den ausgelösten sektoralen Strukturwandel quantitativ abzuschätzen. Bei gleichem Modellumfang enthalten die ökonometrischen Modelle ein Vielfaches an historischer Information.

Diese Einschätzung liegt auf einer Linie mit Selten (1991, S. 19), der aus spieltheoretischer Perspektive zum selben Ergebnis kommt. Auch in diesem Forschungsbereich sei es besser, empirisch gestützte ad hoc-Annahmen zu verwenden als sich auf einige unrealistische Prinzipien mit großer Allgemeinheit und Eleganz zu verlassen.

Häufig wird gegen den Einsatz ökonometrischer Modelle auch eingewandt, sie würden in Simulationsrechnungen in Grenzbereiche geführt, die durch die im Stützzeitraum geschätzten Strukturen nicht abgedeckt sind. Dieses Argument ist gerade im Energiebereich nicht stichhaltig: Die Ölpreisschocks der Jahre 1979/80 bzw. 1986 waren überraschend und in ihrem Ausmaß weitaus stärker als die Preissteigerungen, die sich in den in dieser Studie beschriebenen Simulationsrechnungen durch eine langfristig angekündigte Umweltpolitik kontinuierlich einstellen.

Sinnvolle Aussagen über die maximale Belastbarkeit des ökonomischen Systems sind aber durch Simulationsrechnungen mit noch so ausgefeilten Modellen sicherlich nicht ableitbar. Ein Modell bleibt stets ein Modell, d.h. immer eine vereinfachte Darstellung der komplexeren realen Abläufe. Beispielsweise kann die Frage, bei welcher Steuerbelastung die Volkswirtschaft kollabiert, mit dem hier verwendeten Modell PANTA RHEI ebensowenig wie mit einem anderen Modell sinnvoll beantwortet werden.

2.4 Modellierung der Schnittstellen zwischen Ökonomie und Ökologie

Die Auswirkungen der Wirtschaftstätigkeit auf die natürliche Umwelt sollten in Modellen prinzipiell so detailliert wie möglich abgebildet werden. In der Sprache der Modellbauer ausgedrückt gilt es, die Umweltnutzung so weit disaggregiert wie möglich zu endogenisieren. Welche ökonomischen Aktivitäten und Sektoren nun welche Nutzung der Umwelt mit sich bringen, kann nicht durch eine kurze Formel allgemein beantwortet werden. Die Schnittstellen zwischen Ökonomie und Ökologie sind je nach Nutzungsart unterschiedlich.

Bei den verursachenden ökonomischen Variablen kann es sich grundsätzlich um Variablen ganz unterschiedlichen Typs handeln:

Um Produktionsinputs, Produktionsoutputs, Investitionen oder um Konsumaktivitäten. Dabei müssen nicht unbedingt Stromgrößen für die Umweltnutzung verantwortlich sein. Auch Bestandsvariablen können diese Rolle übernehmen, wie beispielsweise der Primärinputfaktor Kapitaleinsatz für den Energieverbrauch in der Zementindustrie (Buttermann 1994) oder der Viehbestand für die Methanemissionen im Bereich der Landwirtschaft. Darüber hinaus liegt in der Regel für jede Form der Umweltnutzung eine individuelle sektorale Struktur vor. Als umfassendes Berichtssystem, welches sämtliche potentiellen Erklärungsvariablen in sektoraler Gliederung zur Verfügung stellt, ist die Input-Output-Rechnung prädestiniert.

Mit der Wahl der Input-Output-Rechnung zum Kern der Modelldatenbasis ist aber noch nicht sichergestellt, daß damit alle Schnittstellen qualitativ hinreichend genau abgebildet sind, und die benötigte Information in genügend tiefer Gliederung zur Verfügung steht. Eine explizite, flächendeckende Analyse sämtlicher Erscheinungsformen der ökonomischen Umweltnutzung (Ressourcenverbrauch/Flächennutzung/Schadstoffbelastung usw.) kann hier nicht erfolgen. Anhand der in dieser Studie betrachteten Anwendungen Luftschadstoffe und Flächenverbrauch werden nun, ausgehend von der Gliederung der Input-Output-Rechnung des Statistischen Bundesamtes nach 58 Bereichen (siehe Tabelle 2, S. 42/43), einige Aspekte der Schnittstellenproblematik beispielhaft konkretisiert.

Bei der Modellierung der Luftschadstoffemissionen ist die Endogenisierung der Emissionen auch auf der Basis der 5 Energiebereiche der 58er Input-Output-Tabelle möglich. Von dieser Möglichkeit wird üblicherweise Gebrauch gemacht. Damit werden aber zwei relevante

Tatbestände übergangen. Zum einen werden bei dieser Vorgehensweise nur die energieverbrennungsbedingten (kurz: energiebedingte) Emissionen modelliert, und die restlichen, material- bzw. prozeßbedingten Luftschadstoffemissionen (nicht-energiebedingte Emissionen) vernachlässigt.

Zum anderen repräsentieren die Energiebereiche der 58er Input-Output-Tabelle keine im Hinblick auf die Emissionen homogenen Gütergruppen. Wenn man nun auf der Grundlage dieser 5 Energiebereiche die Emissionen endogenisieren will, so muß man mit durchschnittlichen Emissionskoeffizienten für diese Gruppen arbeiten. Im Sinne einer verursachungsgerechten, möglichst tief verknüpften Anbindung der Luftschadstoffemissionen an den Energieverbrauch ist es statt dessen angezeigt (und im Modell PANTA RHEI verwirklicht), die Energieverbräuche auf der Ebene der einzelnen Energieträger zu modellieren, und anschließend die energieträgerspezifischen Emissionskoeffizienten zur Bestimmung der Emissionen zu verwenden.

Ein weiteres Beispiel dafür, daß die zu einer sachgerechten Modellierung notwendige Information nicht genügend tief gegliedert zur Verfügung steht, zeigt sich bei den nicht-energiebedingten Emissionen. Betrachtet man beispielsweise die Methanemissionen in der Landwirtschaft, so wäre es aus der Sicht des Modellbauers wünschenswert, diese Emissionen über den Viehbestand zu endogenisieren. In der Input-Output-Rechnung gibt es aber in der 58er Gliederung nur den Produktionsbereich Landwirtschaft, der neben der tierischen auch die pflanzliche Produktion und weitere Sparten wie z.B. den allgemeinen Gartenbau umfaßt.

Das geschilderte Beispiel stellt beileibe keinen exotischen Spezialfall, sondern durchaus den Regelfall dar. In den meisten Fällen gibt es gesichertes naturwissenschaftlich-technisches Wissen darüber, welche die jeweils verursachenden Tatbestände sind (Umweltbundesamt 1989, 1994, 1997). Es ist zu prüfen, ob es zur Berechnung von Vermeidungskosten Sinn macht, für den Bereich der nichtenergiebedingten Emissionen ein spezielles Satellitensystem aufzubauen.

Ein weiteres generelles Schnittstellenproblem zeigt sich bei der Modellierung des Flächenverbrauchs, genauer der Zunahme von Siedlungs- und Verkehrsflächen. Die modellmäßige Behandlung dieses Bereichs der ökonomischen Umweltnutzung erfolgt in Kapitel 7 wegen fehlender Daten nur auf konzeptioneller Ebene. Das Problem besteht darin, daß nicht durch naturwissenschaftlich-technische Analyse a priori abgeleitet werden kann, welche die erklärenden Variablen für den Flächenverbrauch sind.

Im Gegensatz zu den Emissionen, bei denen - zumindest theoretisch für jeden einzelnen Prozeß - die erklärenden Variablen und die technisch-definitorische Beziehung zwischen diesen und den Emissionen bekannt sind, sind hier ökonomische Verhaltensweisen wirksam, die grundsätzlich durch sozio-ökonomische Faktoren erklärbar sein dürften. Die Spezifikation der Gleichungen ist aber a priori ebensowenig bekannt wie die quantitative Beziehung der erklärenden Variablen zum Flächenverbrauch. Die erklärenden Variablen, die funktionale Form der Gleichung und die Parameterwerte müssen in einem iterativen Suchprozeß regressionsanalytisch bestimmt werden. Anders als bei den Emissionen ist es beim Flächenverbrauch daher nicht möglich, die Bestandteile eines spezifischen Satellitensystems vor der empirischen Analyse genau zu benennen.

3 Das umweltökonometrische Modell PANTA RHEI

3.1 Die Modellstrukturen

PANTA RHEI ist eine zur Analyse umweltökonomischer Fragestellungen erweiterte Version des disaggregierten ökonometrischen Simulations- und Prognosemodells INFORGE (INterindustry FORecasting GErmany) (Meyer/Ewerhart 1995, 1997). Die Modelle unterteilen die Volkswirtschaft in 58 Produktionsbereiche, die jeweils eine spezifische Gütergruppe aus dem Spektrum der Waren und Dienstleistungen anbieten.

Im Vergleich zum ökonomischen Kernmodell INFORGE enthält PANTA RHEI zusätzlich ein tief gegliedertes Energie- und Luftschadstoffemodell, welches den Energieeinsatz und die Emissionen von 8 wesentlichen Luftschadstoffen (Tabelle 1) für die 58 Produktionsbereiche (siehe Tabelle 2, S. 42f) sowie die privaten Haushalte nach 29 Energieträgern (Tabelle 3, S. 44) unterscheidet. Dabei sind auch die nicht-energiebedingten Luftschadstoffemissionen modelliert.

Tabelle 1: Die 8 Luftschadstoffe im Modell PANTA RHEI

1	Kohlendioxid	CO_2
2	Schwefeldioxid	SO_2
3	Stickoxide	NO_x
4	flüchtige organische Verbindungen (außer Methan)	NMVOC
5	Methan	CH_4
6	Kohlenmonoxid	CO
7	Lachgas	N_2O
8	Staub	

Tabelle 2: Die 58 Produktionsbereiche im Modell PANTA RHEI

1	Landwirtschaft
2	Forstwirtschaft, Fischerei
3	Elektrizität, Dampf, Warmwasser
4	Gas
5	Wasser
6	Kohlenbergbau
7	Erze, Salze, Torf
8	Erdöl, Erdgas
9	Chemie, Spalt- und Brutstoffe
10	Mineralölerzeugnisse
11	Kunststofferzeugnisse
12	Gummierzeugnisse
13	Steine und Erden, Baustoffe, usw.
14	Feinkeramik
15	Glas und Glaswaren
16	Eisen und Stahl
17	NE-Metalle, NE-Metallhalbzeug
18	Giessereierzeugnisse
19	Ziehereien, Kaltwalzwerke
20	Stahl- und Leichtmetallbau, Schienenfahrzeuge
21	Maschinenbauerzeugnisse
22	Büromaschinen, EDV-Einrichtungen
23	Straßenfahrzeuge
24	Wasserfahrzeuge
25	Luft- und Raumfahrzeuge
26	Elektrotechnische Erzeugnisse
27	Feinmechanik, optische Erzeugnisse, Uhren
28	Eisen-, Blech-, Metallwaren
29	Musikinstrumente, Spielwaren, Sportgeräte
30	Holz
31	Holzwaren
32	Zellstoff, Papier, Pappe
33	Papier- und Pappewaren
34	Druckerei und Vervielfältigung
35	Leder, Lederwaren, Schuhe
36	Textilien
37	Bekleidung
38	Nahrungsmittel (ohne Getränke)
39	Getränke
40	Tabakwaren
41	Hoch- und Tiefbauleistungen
42	Ausbauleistungen

Fortsetzung Tabelle 2

43	Großhandel, Rückgewinnung
44	Einzelhandel
45	Eisenbahnen
46	Schiffahrt, Wasserstraßen, Häfen
47	Postdienst und Fernmeldewesen
48	Dienstleistungen des sonstigen Verkehrs
49	Dienstleistungen der Kreditinstitute
50	Dienstleistungen der Versicherungen
51	Gebäude- und Wohnungsvermietung
52	Gastgewerbe und Heime
53	Wissenschaft, Kultur, Verlage
54	Gesundheits- und Veterinärwesen
55	Sonstige marktbestimmte Dienstleistungen
56	Gebietskörperschaften
57	Sozialversicherung
58	Private Organisationen ohne Erwerbszweck, häusliche Dienste

Die besondere Leistungsfähigkeit des Modells beruht auf der INFORUM-Philosophie (Almon 1991). Diese Modellphilosophie ist durch die Konstruktionsprinzipien *bottom up* und *vollständige Integration* gekennzeichnet. Das Konstruktionsprinzip *bottom up* besagt, daß jeder Sektor der Volkswirtschaft sehr detailliert (PANTA RHEI enthält etwa 250 Variablen für jeden der 58 Sektoren) modelliert und die gesamtwirtschaftlichen Variablen durch explizite Aggregation im Modellzusammenhang gebildet werden.

Das Konstruktionsprinzip *vollständige Integration* beinhaltet eine komplexe und simultane Modellierung von Ökonomie und Ökologie, die die interindustrielle Verflechtung ebenso beschreibt wie die Entstehung und die Verteilung der Einkommen, den Energieverbrauch und die Schadstoffemissionen, die Umverteilungstätigkeit des Staates sowie die Einkommensverwendung der privaten Haushalte für die verschiedenen Güter und Dienstleistungen.

Die Luftschadstoffemissionen sind im PANTA RHEI-Modell verursachungsgerecht auf der Ebene der Energieträger (Tabelle 3) an den Energieverbrauch gekoppelt.

Tabelle 3: Die 29 Energieträger im Modell PANTA RHEI

1	Elektrizität
2	Fernwärme
3	Verteilte Gase
4	Klärgas, Biogas, Deponiegas
5	Steinkohle
6	Steinkohlenkoks
7	Steinkohlenbriketts
8	Rohbraunkohle
9	Staub- und Trockenkohle
10	Hartbraunkohle
11	Braunkohlenbriketts und -koks
12	Grubengas
13	Kokereigas
14	Erdöl
15	Erdgas, Erdölgas
16	Motorenbenzin
17	Dieselkraftstoff
18	Flugkraftstoffe
19	Heizöl, leicht
20	Heizöl, mittelschwer und schwer
21	Flüssiggas
22	Raffineriegas
23	Rohbenzin
24	Schmierstoffe
25	Andere Mineralölprodukte
26	Kernbrennstoffe
27	Sonstige feste Brennstoffe
28	Hochofengas
29	Wasserkraft

PANTA RHEI ist Bestandteil des internationalen Modellverbunds INFORUM (Nyhus 1991), in dem die einzelnen Ländermodelle auf der Ebene der Gütergruppen über die Export- und Importströme sowie die zugehörigen Außenhandelspreise miteinander verflochten sind. Das INFORUM-System prognostiziert in jeweils tiefer Disaggregation die wirtschaftliche Entwicklung der Länder Belgien, Großbritannien, Spanien, Frankreich, Italien, USA, Kanada, Mexiko, Japan, Südkorea, Niederlande und Deutschland. Der Modellverbund erfährt eine stetige Weiterentwicklung, aktuell werden Modelle für China, Taiwan und Polen in das System eingebaut (Ma 1997, Nyhus/ Wang 1997).

Der disaggregierte Aufbau des Modells PANTA RHEI schlägt sich in einer gewaltigen und dennoch konsistenten Informationsverarbeitung nieder: Die über 30.000 Modellgleichungen prognostizieren die Input-Output-Verflechtung zwischen den 58 Sektoren, die Energieverbräuche und die Luftschadstoffemissionen nach 58 Sektoren und 29 Energieträgern, die Konsum-, Investitions-, Staats- und Exportnachfrage sowie Preise, Produktion, Importe, Löhne, Gewinne, Steuern und Beschäftigung für die 58 Sektoren. Außerdem ist PANTA RHEI konsistent in das vollständig endogenisierte Kontensystem der Volkswirtschaftlichen Gesamtrechnungen eingebettet. Damit ist insbesondere auch die gesamte Umverteilung der Einkommen durch den Staat endogen abgebildet.

Bei den exogenen Variablen handelt es sich zum ersten um Variablen des Auslands wie Zinsen, Preise und Importnachfrage der verschiedenen Handelspartner Deutschlands (jeweils nach Gütergruppen) sowie die jeweiligen Wechselkurse zur DM. Zum zweiten sind Variablen des Arbeitsmarktes exogen. Hier wird das Arbeitsangebot (Erwerbspersonenpotential), die Jahresarbeitszeit in den Sektoren und der Ecklohnsatz (Sektor Maschinenbau) vorgegeben. Zum dritten handelt es sich um die Instrumente der Geldpolitik (Diskontsatz) sowie der Umwelt- und Fiskalpolitik (Steuer- und Abgabensätze, Staatsverbrauch etc.). Es sei betont, daß dennoch das gesamte Staatsbudget mit Einnahmen und Ausgaben vollständig endogen bestimmt wird: Typischerweise ist nicht das Aufkommen aus einer bestimmten Steuer exogen, sondern der Steuersatz.

Die hier beschriebene tief disaggregierte Modellierung der Input-Output-Verflechtung, des Energieverbrauchs und der Luftschadstoffemissionen (frühere Versionen sind in Meyer/Ewerhart (1993, 1998) beschrieben) basiert auf Zeitreiheninformationen aus den Volkswirtschaftlichen und den Umweltökonomischen Gesamtrechnungen für *Westdeutschland* und die Jahre 1978 bis 1990. Sämtliche Verhaltensgleichungen des Modells PANTA RHEI sind mit Hilfe des OLS-Verfahrens ökonometrisch geschätzt worden.

Für die neuen Bundesländer ist ein einfaches Kreislaufmodell mit den üblichen Hypothesen über eine mittelfristige Anpassung der Strukturen an die Westdeutschlands integriert. Zum Zeitpunkt des Beginns der Arbeiten an dieser Studie lagen noch keine Input-Output-Tabelle und noch keine entsprechend tief gegliederten Energie- und Luftschadstoffdaten für den Gebietsstand „Deutschland“ vor. An einer Übertragung der detaillierten Modellierung auf den neuen Gebietsstand wird aktuell gearbeitet. Diese neue Version (PANTA RHEI 3) wird in Meyer/Bockermann/Ewerhart/Lutz (1998) umfassend dokumentiert.

Nach diesem ersten Überblick werden nun die Modellstrukturen detaillierter dargestellt, und zwar zunächst die Input-Output-Verflechtung zwischen den Produktionsbereichen der Volkswirtschaft.

Die Inputkoeffizienten des Systems sind grundsätzlich variabel und hängen von den relativen Preisen und einem Zeittrend ab. Für die Vorleistungsinputs wird auf der nicht beobachtbaren Ebene der einzelnen homogenen *Güter* Limitationalität unterstellt (Georgescu-Roegen 1990). In Input-Output-Tabellen sind aber nur *Gütergruppen* dargestellt. Deren Inputkoeffizienten sind dann bei Veränderungen im Produktmix des betrachteten Sektors variabel und preisabhängig. Die Inputs des Bereichs „Sonstige marktbestimmte Dienstleistungen" werden - abweichend davon - als Substitute zum Einsatz des Faktors Arbeit angesehen. Sie sind daher vom Reallohn des betrachteten Sektors in Einheiten des Dienstleistungsgutes und einem Zeittrend abhängig.

Die nach 29 Energieträgern disaggregierten Energieinputkoeffizienten (Bockermann 1995) werden durch relative Preise und Zeittrends bottom up erklärt, und die Ergebnisse anschließend zu den Input-Output-Produktionsbereichen „Elektrizität, Dampf, Warmwasser", „Gas", „Kohle, Erzeugnisse des Kohlenbergbaus", „Erdöl, Erdgas" und „Mineralölerzeugnisse" aggregiert. Die Luftschadstoffemissionen sind auf der Ebene der Energieträger mit dem emissionsrelevanten Energieverbrauch verknüpft, und zwar für jeden der 58 Produktionsbereiche und die privaten Haushalte (Lutz 1995, 1998).

Die Berücksichtigung der Luftschadstoffsteuern ist im Modell PANTA RHEI wie folgt realisiert: Jeder Produzent und Importeur von fossilen Energieträgern muß für die mit dem Einsatz des Energieträgers anfallenden Emissionen Steuern an den Staat entrichten. Bei den alternativ simulierten Luftschadstoffzertifikaten (*jährliche Auktionsvariante*, vgl. Abschnitt 1.2) sind die Lizenzgebühren ebenfalls von diesen Produzenten und Importeuren zu entrichten. Die resultierende Belastung geht direkt in die Kostenrechnung der Primärenergie anbietenden Unternehmen ein, die daraufhin diese Zusatzkosten voll auf ihre Preise überwälzen. Diese Verteuerung der Energieinputs führt schließlich via Input-Output-Verflechtung in allen Bereichen der Volkswirtschaft zu höheren Preisen, wobei dieser Effekt bei besonders schadstoffintensiven Gütern stärker ausgeprägt ist.

Das resultierende Steueraufkommen bzw. die anfallenden Lizenzeinnahmen des Staates werden zu 75 vH verwendet, um die Arbeitgeberbeiträge zur Sozialversicherung zu reduzieren. Die Aufteilung auf die Wirtschaftsbereiche erfolgt dabei entsprechend der Anzahl der Arbeitsstunden in den einzelnen Bereichen: Je arbeitsintensiver also die Produktion der einzelnen Güter bzw. Dienstleistungen erfolgt, desto stärker ist die Kostenentlastung im entsprechenden Produktionsbereich. Die verbleibenden 25 vH des Aufkommens werden in den Simulationsrechnungen von den öffentlichen Haushalten einbehalten und reduzieren auf diese Weise das Defizit der öffentlichen Haushalte. Die Ergebnisse einer CO_2-Besteuerung, bei der kompensatorisch 100 vH des Aufkommens zur Senkung der Lohnnebenkosten verwendet werden, sind in Meyer/Bockermann/Ewerhart/Lutz (1997) beschrieben.

Die Preise werden im Modell PANTA RHEI endogen entsprechend der Hypothese der Aufschlagskalkulation bestimmt. Dabei bestimmen die Stückkosten, der konkurrierende Importpreis und die Kapazitätsauslastung im betrachteten Bereich den Preis für den Energieträger bzw. die Gütergruppe. Das Verhältnis zwischen Preisen und

Stückkosten ist dabei keineswegs konstant. In Abhängigkeit u.a. von der Branchenkonjunktur entwickeln sich die Aufschlagsätze variabel. Auch die Preise für die einzelnen Energieträger werden modellendogen entsprechend den zugehörigen Importpreisen bestimmt.

Nun zu der Modellierung der Endnachfrage: Die Verhaltensgleichungen für den privaten Verbrauch sind nach 26 Verwendungszwecken disaggregiert und ökonometrisch geschätzt:

Tabelle 4: Die 26 Verwendungszwecke des privaten Verbrauchs im Modell PANTA RHEI

1	Nahrungsmittel tierischen Ursprungs
2	Nahrungsmittel pflanzlichen Ursprungs
3	Getränke
4	Tabakwaren
5	Verzehr von Speisen und Getränken
6	Bekleidung
7	Schuhe
8	Gezahlte Wohnungsmieten
9	Unterstellte Mieten für Eigennutzung von Wohnungen
10	Elektrizität
11	Gas (einschl. Flüssiggas)
12	Flüssige Brennstoffe
13	Feste Brennstoffe
14	Haushaltsgeräte (außer Möbel)
15	Möbel
16	Ge- und Verbrauchsgüter für die Gesundheitspflege
17	Dienstleistungen von Ärzten und Krankenhäusern
18	Güter für die Körperpflege
19	Kraftfahrzeuge
20	Kraftstoffe
21	Fahrräder, Ge- und Verbrauchsgüter
22	Fremde Verkehrsleistungen
23	Nachrichtenübermittlung
24	Güter für Bildung, Unterhaltung, Freizeit
25	Güter für die persönliche Ausstattung
26	Dienstleistungen der Kreditinstitute und Versicherungen

Das verfügbare Einkommen der privaten Haushalte und der Relativpreis der betrachteten Verbrauchskategorie, definiert als Verhältnis zwischen dem spezifischen und dem durchschnittlichen Preisindex des privaten Verbrauchs, sind dabei die Hauptdeterminanten. Als weitere Einflüsse sind die Jahresdurchschnittstemperatur bei den Ausgaben für Raumwärme und die Zinsen bei der Nachfrage nach dauerhaften Konsumgütern zu nennen. Mit Hilfe einer Konsumverflechtungsmatrix werden die Ausgaben gemäß den 26 Verwendungszwecken in die 58 Gütergruppen der Input-Output-Tabelle übergeleitet.

Die Anlageinvestitionen werden im Modell PANTA RHEI mit ihrem dualen Charakter erfaßt. Auf der einen Seite erhöhen sie den Kapitalstock der 58 investierenden Wirtschaftsbereiche, auf der anderen Seite stellen sie gleichzeitig eine wichtige Komponente der Endnachfrage dar. Die Bestimmung der Investitionen geht von den Entscheidungen des investierenden Sektors aus. Seine Ausrüstungs- und Bauinvestitionen hängen vom Realzins sowie von den Gewinnen und dem Produktionsvolumen des betrachteten Bereichs ab. Mittels einer Investitionsverflechtungsmatrix bestimmt sich daraus definitorisch die Nachfrage nach Ausrüstungen und Bauten bei den 58 liefernden Produktionsbereichen. Die Vorratsveränderung in den Sektoren wird im wesentlichen durch die Akzelerator-Hypothese erklärt.

Die Exporte sind auf der Ebene der Gütergruppen mit dem internationalen INFORUM-Modellsystem verbunden. Jedes nationale Modell des Verbundes liefert seine Importnachfrage und Exportpreise - jeweils nach Gütergruppen - an das INFORUM Welthandelsmodell. Von dort erhält PANTA RHEI für jede Gütergruppe Prognosen über die Nachfrage- und Preisentwicklung auf dem Weltmarkt. Das Exportvolumen Deutschlands in einer Gütergruppe bestimmt sich dann erstens gemäß der Weltimportnachfrage in dieser Gütergruppe und zweitens gemäß der Relation zwischen dem Exportpreis Deutschlands und dem Weltmarktpreis für diese Gruppe. Der gegenüber isolierten Modellen und gegenüber aggregierten Modellen doppelte Informationsgewinn gestattet eine zuverlässige Erklärung und Prognose der deutschen Exporte.

Bei den Importen einer Gütergruppe unterscheidet PANTA RHEI grundsätzlich zwischen importierten Vorleistungen und importierten Endprodukten. Letztere sind von der Endnachfrage des Inlands und dem Verhältnis zwischen Inlands- und Importpreisindex der betreffenden Gütergruppe abhängig. Die Vorleistungsimporte sind noch detaillierter erfaßt: Für jedes Element der Importmatrix, die den Einsatz importierter Vorleistungen in allen 58 Sektoren nach 58 Gütergruppen zeigt, ist eine Importquote definiert, die den Anteil der importierten an den gesamten Vorleistungen (aus inländischer Produktion plus importierte) mißt. Die Entwicklung dieser Importquoten ist variabel und wird modellendogen durch die Relation zwischen Inlands- und Importpreis des jeweils betrachteten Inputs erklärt. Durch die Multiplikation des Importanteils für eine Zelle der Matrix mit dem zugehörigen gesamten Vorleistungsinput ergibt sich definitorisch das Niveau der importierten Vorleistungen.

Der Kapitalstock der Wirtschaftsbereiche erhöht sich gemäß den Investitionen abzüglich der Abgänge, die einen konstanten Anteil des Vorjahresbestandes ausmachen. Die sektorale Arbeitsnachfrage, gemessen in Stunden, ist eine Funktion der realen Bruttowertschöpfung und des Reallohns in diesem Bereich. Die Anzahl der Beschäftigten ergibt sich per Definition entsprechend der Vorgabe für die sektorale Jahresarbeitszeit. In Abbildung 1 wird der Aufbau des Modells PANTA RHEI noch einmal im Überblick gezeigt.

Abbildung 1: Die Struktur des umweltökonometrischen Modells PANTA RHEI

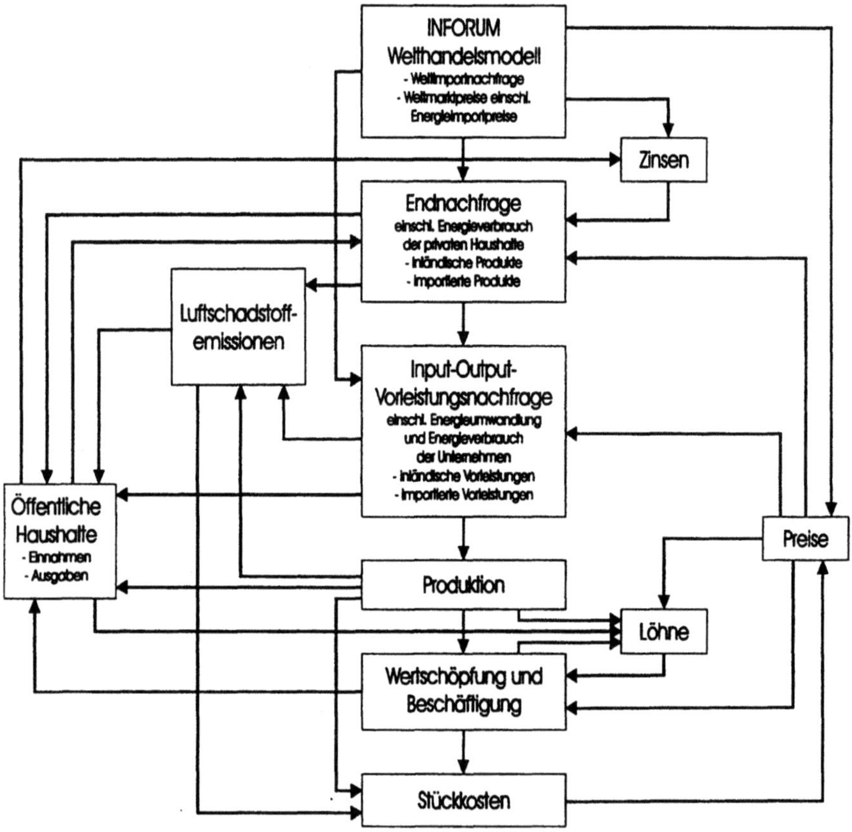

3.2 Die Annahmen der Basisprognose

Mit dem beschriebenen Simulationsinstrument PANTA RHEI wird nun zunächst eine *Basisprognose* (auch: Referenz- oder Business as Usual-Prognose) berechnet. Die Basisprognose ergibt sich aus dem *Basisszenario* (auch: Referenz- oder Business as Usual-Szenario). Dabei besteht ein Szenario generell aus einem vollständigen und in sich konsistenten Bündel an Annahmen für die Entwicklung aller exogenen Modellvariablen im Prognosezeitraum. Das Basisszenario beschreibt ein denkbares Set an Annahmen ohne den zu simulierenden umweltpolitischen Instrumenteneinsatz. Die Lösung des Modells mit diesem Szenario liefert dann die Basisprognose, die die Entwicklung der Volkswirtschaft sowie des Luftschadstoffausstoßes ohne Umweltpolitik beschreibt.

Die Ergebnisse der Basisprognose dienen anschließend als Basis für einen Vergleich mit den Ergebnissen einer *Alternativprognose*. Die Alternativprognose wird mit demselben Modell generiert, wobei allerdings das Basisszenario ceteris paribus durch die Aufnahme einer spezifischen umweltpolitischen Maßnahme, z.B. einer CO_2-Steuer, in ein *Alternativszenario* abgewandelt wurde.

Die nachfolgend dargestellten Annahmen der PANTA RHEI-Basisprognose beziehen sich auf *Westdeutschland*. Sie betreffen die Tarifpolitik und den Arbeitsmarkt, die Fiskal- und Geldpolitik, den internationalen Handel, die Entwicklung der Devisenkurse und die Energiepolitik:

- Der Bruttostundenlohn im Maschinenbau als bei Lohnverhandlungen strategischem Sektor wächst um 3 vH pro Jahr. Die Löhne in den übrigen Sektoren entwickeln sich gemäß den ökonometrisch geschätzten Lohnstrukturgleichungen.
- Die durchschnittlichen, sektoralen Jahresarbeitszeiten der Beschäftigten bleiben konstant.
- Die Zahl der Erwerbspersonen in Westdeutschland steigt gegenüber 1996 um 300 Tsd. Personen bis zum Jahr 2005.
- Bei den Gebietskörperschaften wird ein Abbau der geleisteten Arbeitsstunden um 1 vH pro Jahr unterstellt, bei den Sozialversicherungen verläuft der Rückgang mit 0.5 vH p.a. halb so schnell. Der Staatsverbrauch ist von den resultierenden Lohn- und Gehaltsummen dieser beiden Bereiche abhängig.
- Für die Geldpolitik und die internationalen Finanzmärkte wird eine stabile Entwicklung vorgegeben. Diskontsatz und langfristiger US-Zins verbleiben auf dem heutigen Stand.
- Die Wechselkurse sowie die Entwicklung der Weltimportnachfrage und der Weltmarktpreise nach Gütergruppen stammen aus einem *linked run* mit dem internationalen INFORUM-Modellsystem. Der Dollarkurs bleibt dabei auf heutigem Niveau, und die internationalen Energiepreise steigen moderat an.
- Der Anteil des mit Kernenergie erzeugten Stroms bleibt konstant.
- Bei den Steinkohlesubventionen impliziert die Verwendung von aus Vergangenheitsdaten ökonometrisch geschätzten Elastizitäten eine Fortführung der bisherigen Politik.
- Der Einsatz der Wasserkraft bei der Stromerzeugung bleibt absolut konstant. Ein Einsatz weiterer erneuerbarer Energieträger wird nicht betrachtet, denn sie werden in der Energieträgerrechnung der UGR nicht ausgewiesen. Ihre Nichtberücksichtigung bedeutet, daß die Modellierungsergebnisse als eher konservativ interpretiert werden müssen.

3.3 Die Ergebnisse der Basisprognose

In der Basisprognose steigt das Bruttoinlandsprodukt (BIP) Westdeutschlands in konstanten Preisen bis zum Jahr 2005 gegenüber 1995 um durchschnittlich 1.4 vH pro Jahr an. Der private Verbrauch nimmt dabei um 1.8 vH jährlich zu. Besonders dynamisch entwikkeln sich die Exporte (+4.0 vH p.a.) und die Ausrüstungsinvestitionen (+4.3 vH p.a.). Dagegen gehen die Bauinvestitionen um 0.7 vH pro Jahr und der Staatsverbrauch - als Resultat der hier getroffenen Annahme bzgl. der Beschäftigung beim Staat - um 0.4 vH pro Jahr zurück. Die Importe wachsen mit 3.7 vH kaum langsamer als die Exporte. Der Anstieg der Verbraucherpreise, die Inflationsrate, liegt im Durchschnitt bei jährlich gut 2 vH.

Die Zahl der insgesamt geleisteten Arbeitsstunden steigt bis zum Jahr 2005 um 2 vH gegenüber 1995 an. Angaben über die Entwicklung der 58 Produktionsbereiche des Modells PANTA RHEI in der Basisprognose finden sich im Abschnitt 5.3 für die Variablen Produktion (Tabelle 27, S. 102f) und Beschäftigung (Tabelle 28, S. 104f).

Bei Energieverbrauch und CO_2-Emissionen in Westdeutschland setzt sich der Trend der Entkopplung vom Wirtschaftswachstum fort. Allerdings reichen die Effizienzsteigerungen und strukturellen Veränderungen wie schon in den Jahren seit der zweiten Ölkrise nicht für einen absoluten Rückgang aus. Der Energieeinsatz in Petajoule nimmt gegenüber 1990 um 5.7 vH zu, und die CO_2-Emissionen liegen im Jahr 2005 um 2 vH höher als 1990. Rückgänge des Energieeinsatzes und der Emissionen bei der Elektrizitätserzeugung und in der Industrie werden durch höhere Treibstoffverbräuche aufgezehrt.

Das CO_2-Minderungsziel der Bundesregierung für Westdeutschland und das Jahr 2005 wird damit weit verfehlt. Die Entwicklung der Emissionen für die übrigen 7 in PANTA RHEI modellierten Luftschadstoffe bei Business as Usual ist im Abschnitt 5.2 (Tabelle 23, S. 92) dokumentiert.

Tabelle 5: Die Entwicklung der Energieeinsätze nach Energieträgern in der Basisprognose, Westdeutschland Durchschnittliche Wachstumsraten p.a. von 1995 bis 2005

1	Elektrizität	+ 1.9
2	Fernwärme	- 0.8
3	Verteilte Gase	+ 2.0
4	Klärgas, Biogas, Deponiegas	+ 0.0
5	Steinkohle	- 1.4
6	Steinkohlenkoks	+ 0.0
7	Steinkohlenbriketts	- 1.9
8	Rohbraunkohle	- 0.7
9	Staub- und Trockenkohle	+ 1.8
10	Hartbraunkohle	+ 5.0
11	Braunkohlenbriketts und -koks	+ 0.5
12	Grubengas	- 0.6
13	Kokereigas	- 1.6
14	Erdöl	- 2.1
15	Erdgas, Erdölgas	+ 1.4
16	Motorenbenzin	+ 0.6
17	Dieselkraftstoff	+ 2.7
18	Flugkraftstoffe	+ 4.7
19	Heizöl, leicht	- 2.2
20	Heizöl, mittelschwer und schwer	- 2.4
21	Flüssiggas	+ 0.5
22	Raffineriegas	- 0.6
23	Rohbenzin	+ 1.9
24	Schmierstoffe	- 0.2
25	Andere Mineralölprodukte	- 0.6
26	Kernbrennstoffe	- 0.2
27	Sonstige feste Brennstoffe	- 2.3
28	Hochofengas	- 1.5
29	Wasserkraft	+ 0.0
	Alle Energieträger	+ 0.1

Tabelle 5 gibt einen Überblick über die Entwicklung der Energieeinsätze in der Basisprognose zwischen 1995 und 2005. Der Einsatz von Strom, Gasen und Treibstoffen nimmt deutlich zu, während sich der Einsatz von Kohle und Heizölen rückläufig entwickelt.

Der deutliche Anstieg des Einsatzes von Hartbraunkohle erfolgt auf sehr niedrigem Niveau und spielt mengenmäßig keine Rolle. Der Einsatz der Kernenergie sinkt annahmegemäß proportional mit dem Input der fossilen Energieträger bei der Stromerzeugung. Der Einsatz der Wasserkraft bei der Stromerzeugung bleibt absolut konstant. Der gesamte Energieeinsatz in Westdeutschland nimmt geringfügig zu.

Nach dem Jahr 2005 laufen in der Basisprognose weitgehend die für den vorherigen Zeitraum beschriebenen Entwicklungen ab. Das Bruttoinlandsprodukt wächst preisbereinigt zwischen 1995 und 2020 um durchschnittlich 1.4 vH, und die Güterpreise erhöhen sich um 2.3 vH jährlich. Der Staat (-0.4 vH) setzt seine Konsolidierungsbemühungen fort, Exporte (+4.0 vH) und Importe (+4.1 vH) steigen weiterhin kräftig an. Die Bauinvestitionen (+0.3 vH) entwickeln sich auch nach 2005 deutlich schwächer als die Ausrüstungsinvestitionen (+3.9 vH), während der private Verbrauch um 1.5 vH p.a. zunimmt. Der gesamte Energieeinsatz steigt gegenüber 2005 noch einmal um 6.5 vH und die CO_2-Emissionen liegen im Jahr 2020 um 0.5 vH unter dem Niveau von 1990.

4 Reduktion von Kohlendioxidemissionen

4.1 Vorgehensweise und Szenarien

Die Bestimmung der makroökonomischen Vermeidungskosten von CO_2-Emissionen bezieht sich auf die Ergebnisse des in Kapitel 3 dargestellten Business as Usual-Szenarios (BaU-Szenarios), die im weiteren als Basis- oder BaU-Prognose bezeichnet werden. Diese Prognose beschreibt die strukturelle und gesamtwirtschaftliche Entwicklung ebenso wie die zukünftigen Emissionen ohne den Einsatz der ökonomischen Instrumente zur Emissionsminderung.

In diesem Kapitel wird die Lösung des Modells PANTA RHEI für zwei Vermeidungsstrategien, eine CO_2-Steuer- und eine CO_2-Zertifikatsvariante (bis zum Jahr 2005), durchgeführt, die von den in Abschnitt 3.2 dargestellten Annahmen der Basisprognose ausgehen. Die Ergebnisse werden folglich in einem konsistenten Rahmen ermittelt. Abschnitt 4.2 stellt die Ergebnisse von Simulationsrechnungen bis zum Jahr 2005 dar, der Abschnitt 4.3 befaßt sich mit einer längerfristigen Perspektive bis 2020. Die Modellrechnungen beziehen sich jeweils auf *Westdeutschland.*

Das Steuerszenario geht zusätzlich zum Basisszenario von den folgenden Annahmen aus:

- Produzenten und Importeure fossiler Energieträger zahlen für die mit der Verbrennung der Energie anfallenden Emissionen Steuern.
- Die Produzenten und Importeure fossiler Energieträger überwälzen die Steuerzahlungen vollständig auf ihre Preise.

- Der Steuersatz beträgt im Jahr 1996 10 DM/t und wird bis 2005 linear so angehoben, daß die CO_2-Emissionen 25 vH unter dem Niveau von 1990 liegen. Die notwendige Höhe des Steuersatzes in 2005 wird vorab mit der Zertifikatsvariante ermittelt. Nach 2005 wird der Steuersatz weiter linear, aber weniger schnell als zuvor, angehoben.
- Der Staat verwendet 75 vH seiner Steuereinnahmen zur Reduktion der Sätze der Arbeitgeberbeiträge zur Sozialversicherung. Die Produktionsbereiche werden den geleisteten Arbeitsstunden entsprechend entlastet. Den Rest der Einnahmen setzt der Staat zur Senkung seiner Defizite ein.
- Zusätzliche Stromimporte aus dem Ausland, die nicht von der Steuer belastet werden, sind nicht zugelassen, damit bei der untersuchten „Insellösung" die nationale Umweltpolitik nicht unterlaufen werden kann.

Im Zertifikatsszenario sind die Annahmen entsprechend formuliert, allerdings wird die linear sinkende Menge der erlaubten Emissionen vom Staat über die jährliche Versteigerung von Zertifikaten geregelt.

4.2 Steuern und Zertifikate zur Reduktion der CO_2-Emissionen

CO_2-Steuersatz und -aufkommen

Bei dem linear ansteigenden Steuersatz - von 10 DM/t CO_2 im Jahr 1996 auf 345 DM/t in 2005 - liegen die CO_2-Emissionen in Westdeutschland 25 vH unter dem Niveau von 1990 oder 26.3 vH niedriger als in der Basisprognose. Das Aufkommen aus der CO_2-Steuer steigt von 7 Mrd. DM im Jahr 1996 auf knapp 181 Mrd. DM in

2005, die Kompensationszahlungen an die Unternehmen betragen dann insgesamt über 136 Mrd. DM. In Preisen von 1996 liegt das Steueraufkommen im Jahr 2005 bei fast 143 Mrd. DM. Inländische Unternehmen und Verbraucher müssen davon rund drei Viertel aufbringen, in heutigen Preisen 107 Mrd. DM. Das Aufkommen der Mineralölsteuer und der Kraftfahrzeugsteuer lag - im Vergleich dazu - in Westdeutschland im Jahr 1994 zusammen bei über 58 Mrd. DM.

Gesamtwirtschaftliche Entwicklung

In der Steuervariante liegt das Bruttoinlandsprodukt (BIP) im Vergleich zur BaU-Prognose in 2005 um 5.1 vH niedriger. Der private Verbrauch (-4.2 vH), die Ausrüstungsinvestitionen (-3.2 vH) und auch die Exporte (-3.3 vH) reduzieren sich leicht unterdurchschnittlich. Die Bauinvestitionen bleiben mit -0.3 vH fast unverändert. Die Annahme, daß die Beschäftigung beim Staat exogen rückläufig ist, führt zu einem überproportionalen Rückgang des Staatsverbrauchs von -6.6 vH. Die relativ geringe Importabnahme um 4.5 vH drückt das BIP ebenfalls leicht nach unten. Weil die Exporte weniger stark zurückgehen als die Importe, verbessert sich die Außenhandelsposition der westdeutschen Volkswirtschaft.

Bei der Entwicklung im Zeitverlauf zeigt sich in Abbildung 2, daß der private Konsum, die Ausrüstungsinvestitionen und insbesondere die Bauinvestitionen von den steigenden CO_2-Steuersätzen bei gleichzeitiger Kompensation zunächst profitieren, während die Im- und Exporte anfangs mit dem BIP zurückgehen und nach dem Jahr 2000 langsamer sinken als die anderen Komponenten. Die Preise liegen im Jahr 2005 um 3.4 vH höher als in der Basisprognose.

Durch die Senkung der Lohnnebenkosten über die Kompensation steigt die Zahl der geleisteten Arbeitsstunden in Westdeutschland um 2.5 vH. Umgerechnet und ohne Änderung der Jahresarbeitszeiten entspricht das 625 Tsd. zusätzlichen Arbeitsplätzen.

Abbildung 2: Änderung des BIP und seiner Komponenten in der Steuervariante gegenüber der Basisprognose in vH, Westdeutschland

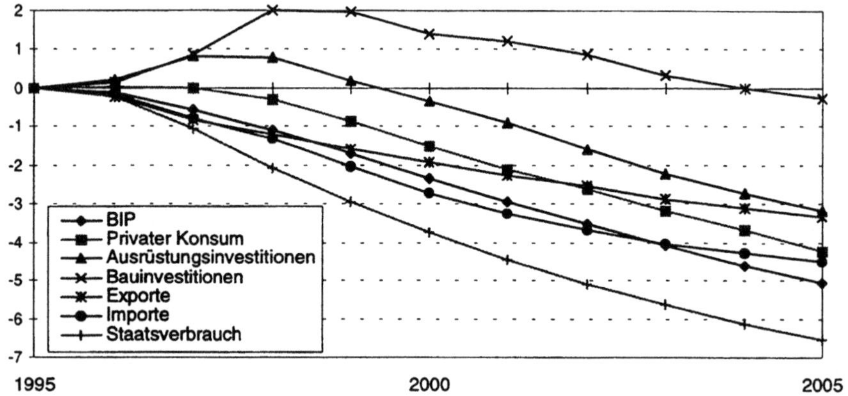

Dieses Ergebnis weckt leicht den Eindruck, daß die Steuervariante zu extrem negativen Auswirkungen auf Produktion und Wachstum führt. Tatsächlich schwächt sich das Wachstum (BIP +0.9 vH jährlich) durch die hier simulierte CO_2-Steuer aber nur ab. Die Ausrüstungsinvestitionen (+4.0 vH), Exporte (+3.7 vH), Importe (+3.3 vH) und der private Verbrauch (+1.4 vH) wachsen wie in der BaU-Prognose überdurchschnittlich. Die Bauinvestitionen (-0.7 vH) und der Staatsverbrauch (-1.0 vH) gehen nur wenig stärker zurück als in der Basisprognose. Die Preisimpulse der hier diskutierten Steuervariante sind gering, die Inflationsrate liegt in allen Jahren unter 3 vH. Die Zahl der geleisteten Arbeitsstunden steigt gegenüber dem Jahr 1995 um 5.3 vH an.

Zertifikats- versus Steuervariante

Nun zu den Ergebnissen bei der Simulation eines CO_2-Zertifikatsmarkts entsprechend der in Abschnitt 1.2 diskutierten jährlichen Auktionsvariante. Die Ergebnisse entsprechen dabei weitestgehend denen der Steuersimulation, so daß im weiteren nur auf die Steuervariante eingegangen wird.

Tabelle 6 weist aus, daß der ungleichmäßigere zeitliche Verlauf der CO_2-Preissteigerung in der Zertifikatsvariante - bei nahezu identischem CO_2-Preis und identischer CO_2-Reduktion in 2005 - mit fast exakt denselben gesamtwirtschaftlichen Vermeidungskosten wie in der Steuervariante verbunden ist.

Tabelle 6: Abweichungen ausgewählter Größen in der Zertifikats- gegenüber der Steuervariante in vH, Westdeutschland

	1996	1997	1998	1999	2000
Steuersatz in DM/t	10.00	47.22	84.44	121.67	158.89
Zertifikatspreis in DM/t	14.20	54.00	94.40	136.10	173.40
Bruttoinlandsprodukt	- 0.03	- 0.01	- 0.06	- 0.22	- 0.23
Preisniveau	+ 0.12	+ 0.06	+ 0.10	+ 0.24	+ 0.22
Beschäftigung	+ 0.11	+ 0.08	+ 0.13	+ 0.20	+ 0.16
Bauinvestitionen	+ 0.09	+ 0.35	+ 0.03	+ 0.01	+ 0.48
CO_2	- 0.68	- 0.52	- 0.78	- 1.12	- 0.87
	2001	2002	2003	2004	2005
Steuersatz in DM/t	196.11	233.33	270.56	307.78	345.00
Zertifikatspreis in DM/t	202.90	225.40	252.60	291.80	345.70
Bruttoinlandsprodukt	- 0.18	- 0.04	+ 0.11	+ 0.16	+ 0.06
Preisniveau	+ 0.09	- 0.09	- 0.18	- 0.13	+ 0.05
Beschäftigung	+ 0.02	- 0.17	- 0.26	- 0.20	- 0.02
Bauinvestitionen	- 0.02	- 0.71	- 0.91	- 0.65	+ 0.05
CO_2	- 0.44	+ 0.38	+ 1.04	+ 1.00	+ 0.25

Die Unterschiede in den sektoralen Ergebnissen zwischen den beiden umweltpolitischen Instrumenten im Jahr 2005 sind vernachlässigbar gering.

Entwicklung der Produktionsstruktur

Auf sektoraler Ebene zeigt Tabelle 7 bei der Produktion in Westdeutschland, die im Vergleich zur BaU-Prognose insgesamt um über 4 vH sinkt, sehr unterschiedliche Effekte.

Tabelle 7: Bruttoproduktionswerte in Preisen von 1985 im Jahr 2005, Westdeutschland

	Produktionsbereich	in der BaU-Prognose in Mrd. DM	Abweichungen in der Steuervariante in vH	Rangfolge der Abweichungen
1	Landwirtschaft	70.8	- 1.9	37
2	Forstwirtschaft, Fischerei	16.5	+ 1.9	58
3	Elektrizität, Dampf, Warmwasser	105.6	- 6.6	14
4	Gas	42.3	- 12.4	4
5	Wasser	9.8	- 4.7	25
6	Kohlenbergbau	19.2	- 50.5	1
7	Erze, Salze, Torf	6.1	- 1.2	44
8	Erdöl, Erdgas	3.6	- 7.9	11
9	Chemie, Spalt- und Brutstoffe	320.0	- 8.3	9
10	Mineralölerzeugnisse	92.0	- 42.5	2
11	Kunststofferzeugnisse	96.9	- 2.0	35
12	Gummierzeugnisse	23.1	+ 0.5	53
13	Steine und Erden, Baustoffe, usw.	46.3	- 5.2	21
14	Feinkeramik	5.2	- 4.0	27
15	Glas und Glaswaren	20.4	- 8.8	8
16	Eisen und Stahl	112.3	- 18.5	3
17	NE-Metalle, NE-Metallhalbzeug	60.5	- 9.0	7
18	Giessereierzeugnisse	22.2	- 1.9	38
19	Ziehereien, Kaltwalzwerke	67.4	- 10.4	6
20	Stahl+Leichtmet.bau, Schienenfzge	35.6	- 5.7	17
21	Maschinenbauerzeugnisse	205.9	- 1.5	42

Fortsetzung Tabelle 7

	Produktionsbereich	in der BaU-Prognose in Mrd. DM	Abweichungen in der Steuervariante in vH	Rangfolge der Abweichungen
22	Büromaschinen, EDV-Einrichtungen	40.6	+ 0.4	52
23	Straßenfahrzeuge	360.7	- 0.6	50
24	Wasserfahrzeuge	8.0	- 2.0	35
25	Luft- und Raumfahrzeuge	17.0	+ 0.6	54
26	Elektrotechnische Erzeugnisse	305.8	- 1.0	46
27	Feinmech., optische Erz., Uhren	37.7	- 8.1	10
28	Eisen-, Blech-, Metallwaren	84.6	- 3.1	32
29	Musikinstr., Spielw., Sportgeräte	15.4	- 5.5	18
30	Holz	16.8	- 5.3	20
31	Holzwaren	50.4	- 4.8	24
32	Zellstoff, Papier, Pappe	42.5	- 10.4	5
33	Papier- und Pappewaren	41.0	- 6.4	15
34	Druckerei und Vervielfältigung	50.9	- 1.8	39
35	Leder, Lederwaren, Schuhe	7.4	+ 1.3	55
36	Textilien	43.4	+ 0.4	51
37	Bekleidung	25.1	- 2.6	33
38	Nahrungsmittel (ohne Getränke)	215.7	- 4.8	23
39	Getränke	37.0	- 5.2	22
40	Tabakwaren	18.2	- 1.3	43
41	Hoch- und Tiefbauleistungen	140.6	- 3.2	29
42	Ausbauleistungen	90.1	- 1.1	45
43	Großhandel, Rückgewinnung	237.5	- 3.7	28
44	Einzelhandel	163.9	- 6.9	12
45	Eisenbahnen	20.0	- 0.9	48
46	Schiffahrt, Wasserstraßen, Häfen	14.7	- 0.8	49
47	Postdienst und Fernmeldewesen	98.6	- 1.6	40
48	Dienstl. des sonstigen Verkehrs	205.0	- 3.1	30
49	Dienstl. der Kreditinstitute	223.4	- 6.2	16
50	Dienstl. der Versicherungen	98.3	- 4.5	26
51	Gebäude- und Wohnungsvermietung	363.9	- 1.5	41
52	Gastgewerbe und Heime	92.1	- 3.1	30
53	Wissenschaft, Kultur, Verlage	93.5	- 1.0	47
54	Gesundheits- und Veterinärwesen	77.8	- 2.3	34
55	Sonst. marktbestimmte Dienstl.	562.3	+ 1.6	56
56	Gebietskörperschaften	331.8	- 5.5	19
57	Sozialversicherung	132.5	- 6.7	13
58	Priv. Org., häusliche Dienste	91.2	+ 1.7	57
	Alle Produktionsbereiche	5837.1	- 4.3	

Besonders stark ist die Produktion beim Kohlenbergbau und bei der Mineralölerzeugung betroffen, bei der Gasversorgung dagegen deutlich weniger stark. Der Rückgang der Elektrizitätserzeugung bewegt sich nur wenig unterhalb des gesamtwirtschaftlichen Durchschnitts. Neben den energieliefernden Sektoren sind die Produktionsbereiche Eisen und Stahl, Zellstoffe, Papier und Pappe, Ziehereien und Kaltwalzwerke, NE-Metalle, Glas und Chemie in dieser Reihenfolge besonders stark betroffen. Unterdurchschnittlich sinkt die Produktion in den meisten anderen Produktionsbereichen, insbesondere im Maschinenbau, der Elektrotechnik, in der Bauwirtschaft und in Teilen des Dienstleistungsbereichs. Der Straßenfahrzeugbau kann - trotz sinkender inländischer Nachfrage - durch einen deutlichen Rückgang der Importe bei konstanten Exporten seine Produktion ebenso halten wie der Eisenbahnbereich. Absolut rückläufig gegenüber 1995 ist die Produktion in dieser Simulationsrechnung aber nur in 10 Produktionsbereichen, u.a. im Kohlenbergbau, bei den Mineralölerzeugnissen, bei Eisen und Stahl und beim Staat. In allen übrigen Bereichen nimmt das Produktionsvolumen trotz Steuer weiterhin zu.

Entwicklung der Preisstruktur

Ein ähnliches Bild wie bei der Produktion zeigt sich bei der Betrachtung der Güterpreise, die die Steuerbelastung und die Kompensation beinhalten, in Tabelle 8. Die energieliefernden und wenige energieintensive Produktionsbereiche sind für den Anstieg des gesamtwirtschaftlichen Preisniveaus gegenüber der BaU-Prognose um gut 3 vH verantwortlich. Jährlich bedeutet das einen zusätzlichen Preisschub von 0.3 vH bis 0.4 vH. Kohle (+535 vH) verteuert sich am meisten, die Preise für Gase (+161 vH) und Mineralölerzeugnisse (+160 vH) erhöhen sich gleich stark, die Gütergruppe Elektrizität, Dampf und Warmwasser (+52 vH) gewinnt relative Preisvorteile. Die Preise der energieintensiven Bereiche steigen in einer Größenordnung von 7 bis 34 vH. Auffallend niedrig ist der Preiseffekt in der energieintensiven Chemie. In fast allen Dienstleistungsbereichen und sogar im Fahrzeugbau sinken die Preise gegenüber der Basisprognose.

Tabelle 8: Änderung ausgewählter Güterpreise in der Steuervariante gegenüber der BaU-Prognose im Jahr 2005 in vH, Westdeutschland

	Gütergruppe	
6	Kohle, Erzeugnisse des Kohlenbergbaus	+ 535.1
4	Gas	+ 161.4
10	Mineralölerzeugnisse	+ 159.6
3	Elektrizität, Dampf, Warmwasser	+ 52.4
16	Eisen und Stahl	+ 34.4
32	Zellstoff, Holzschliff, Papier, Pappe	+ 20.8
17	NE-Metalle, NE-Metallhalbzeug	+ 11.5
9	Chemische Erzeugnisse, Spalt- und Brutstoffe	+ 7.0
43	Dienstleistungen des Großhandels	+ 3.3
45	Dienstleistungen der Eisenbahnen	+ 2.3
21	Maschinenbauerzeugnisse	+ 1.6
26	Elektrotechnische Erzeugnisse	+ 0.8
23	Straßenfahrzeuge	- 0.9
55	Sonstige marktbestimmte Dienstleistungen	- 12.0
	Alle Gütergruppen	+ 3.4

Der enorme Anstieg des Kohlepreises hat zwei Ursachen: Erstens wird Kohle wegen ihres hohen CO_2-Gehalts am stärksten mit der Steuer belastet. Zweitens weist die zum Großteil subventionierte Kohle geringe Preiselastizitäten der Nachfrage auf. Kohlekraftwerke werden bei der vorherrschenden monopolistischen Branchenstruktur auch bei hohen Brennstoffkosten weiter betrieben, zumal die Kostensteigerungen an die Endverbraucher weitergegeben werden können.

Entwicklung der Beschäftigungsstruktur

Vor diesem Hintergrund ist die Entwicklung bei den Arbeitsstunden in Westdeutschland nicht überraschend, die nur in 21 der 58 Wirtschaftsbereichen gegenüber der Basisprognose rückläufig ist und insgesamt um 2.5 vH zunimmt. In der Chemischen Industrie mit einem Rückgang gegenüber der Basisprognose um 9.1 vH, im Kohlenbergbau mit 26.2 vH und der Eisenschaffenden Industrie mit 16.1 vH sind die Verluste an Arbeitsstunden und damit an Arbeitsplätzen auch in absoluten Zahlen von Bedeutung. Wegen der regionalen Konzentration dieser bedrohten Arbeitsplätze liegt in diesem Punkt ein zentrales Problem für die Umsetzung einer CO_2-Steuer.

Tabelle 9: Änderung der geleisteten Arbeitsstunden nach ausgewählten Wirtschaftsbereichen in der Steuervariante gegenüber der BaU-Prognose im Jahr 2005, Westdeutschland

	Wirtschaftsbereich	in vH	in Mio. Stunden
10	Mineralölverarbeitung	- 32.9	- 5.5
6	Kohlenbergbau	- 26.2	- 38.7
16	Eisen und Stahl	- 16.1	- 28.5
9	Chemische Industrie	- 9.1	- 79.5
43	Großhandel	+ 3.2	+ 69.5
44	Einzelhandel	+ 7.5	+ 250.7
41	Bauhauptgewerbe	+ 15.5	+ 262.7
42	Ausbaugewerbe	+ 15.6	+ 174.1
	Alle Wirtschaftsbereiche	+ 2.5	+ 1023.9

Positive Beschäftigungseffekte gibt es insbesondere im Baugewerbe und im Handel. Aber auch in wichtigen Sektoren wie dem Straßenfahrzeugbau, dem Maschinenbau und der Elektrotechnik steigt die Beschäftigung.

Entwicklung der Importstruktur

Auch die Importe, die bei der simulierten Steuer im Jahr 2005 insgesamt um 4.5 vH niedriger liegen als bei Fortsetzung der bisherigen Umweltpolitik, entwickeln sich sektoral unterschiedlich. Insbesondere die billige Importkohle gewinnt Anteile hinzu, weil die relativ zu den anderen Energieträgern steigenden Kohlepreise den Kostendruck inländischer Kohleverbraucher erhöhen. Dagegen sinken die Importe von Erdöl und Erdgas mit dem inländischen Verbrauch. Importierte Mineralölerzeugnisse erhöhen ihren Marktanteil, weil die Inlandspreise nicht wie die Importpreise nur mit den Steuersätzen, sondern auch über die verteuerten inländischen Vorleistungen ansteigen.

Tabelle 10: Änderung der Importe in Preisen von 1985 nach ausgewählten Produktionsbereichen in der Steuervariante gegenüber der BaU-Prognose im Jahr 2005, Westdeutschland

	Produktionsbereich	in vH	in Mrd. DM
6	Kohlenbergbau	+ 36.0	+ 1.25
9	Chemie, Spalt- und Brutstoffe	+ 2.9	+ 3.79
17	NE-Metalle	- 2.5	- 1.22
32	Zellstoff, Papier, Pappe	- 7.0	- 2.00
16	Eisen und Stahl	- 10.4	- 3.60
8	Erdöl, Erdgas	- 14.8	- 8.64
10	Mineralölerzeugnisse	- 22.7	- 15.91
	Alle Produktionsbereiche	- 4.5	- 55.35

In den energieintensiven Bereichen sinken die Importe langsamer als die Produktion, chemische Produkte werden sogar verstärkt eingeführt. Die Verlagerung energieintensiver Produktion ins Ausland, die nur im Rahmen eines auf Energieträgerebene disaggregierten Mehr-Länder-Modells genau bestimmt werden kann, bleibt aber gering.

Entwicklung der Struktur des Privaten Verbrauchs

Deutliche Struktureffekte ergeben sich beim privaten Verbrauch, der insgesamt im Jahr 2005 in Westdeutschland um 4.2 vH niedriger liegt als ohne Einführung der CO_2-Steuer. Der Elektrizitätsverbrauch bleibt aufgrund der Preisvorteile gegenüber anderen Energieträgern und geringer Preiselastizitäten konstant. In den Bereichen Raumwärme und Warmwasser zeigen sich Verschiebungen zwischen Gas (-8.7 vH) und flüssigen Brennstoffen (-24.4 vH), d.h. in erster Linie leichtem Heizöl. Der geringe Anteil fester Brennstoffe sinkt durch die Steuer weiter. Wegen der niedrigen Preiselastizitäten ist hier der Rückgang aber geringer als bei flüssigen Brennstoffen. Wie in der BaU-Prognose ist Gas im Jahr 2005 mit Abstand wichtigster Energieträger zum Heizen und für die Bereitstellung von Warmwasser.

Tabelle 11: Änderung ausgewählter Verwendungszwecke des privaten Verbrauchs in Preisen von 1991 in der Steuervariante gegenüber der BaU-Prognose im Jahr 2005, Westdeutschland

	Verwendungszweck	in vH
12	Flüssige Brennstoffe	- 24.4
20	Kraftstoffe	- 17.1
19	Kraftfahrzeuge	- 16.4
13	Feste Brennstoffe	- 13.4
11	Gas (einschl. Flüssiggas)	- 8.7
10	Elektrizität	- 0.3
22	Fremde Verkehrsleistungen	+ 3.9
21	Fahrräder, Ge- und Verbrauchsgüter und Reparaturen	+ 4.9
	Alle Verwendungszwecke	- 4.2

Begrenzte Verschiebungen gibt es bei den privaten Haushalten auch im Verkehrsbereich. Kraftstoffe werden um 17.1 vH weniger nachgefragt, Kraftfahrzeuge um 16.4 vH. Der Einsatz von Dieselkraftstoff (-23.4 vH), der in der BaU-Prognose schneller wächst als der Benzineinsatz, geht mit der Steuer deutlicher zurück als der Benzinverbrauch (-15.4 vH). Die Nachfrage nach Kraftfahrzeugen ist von den niedrigeren verfügbaren Einkommen besonders betroffen. Im Gegensatz dazu verzeichnen fremde Verkehrsleistungen, Fahrräder, Ge- und Verbrauchsgüter und Reparaturen zusätzliche Nachfrage. Angesichts der geringen Preiselastizität der Kraftstoffnachfrage von gut 0.15 reicht die Höhe des CO_2-Steuersatzes nur dazu, den gegenüber 1996 in der Basisprognose zusätzlichen Verkehr vom Auto auf andere Verkehrsträger umzulenken. Der Kraftstoffverbrauch der privaten Haushalte liegt trotz des möglichen Einsatzes deutlich sparsamerer Motoren trotz der Steuer in 2005 nur 1.5 vH unter den Mengen des Jahres 1996. Für Kraftfahrzeuge wird von den privaten Haushalten im Jahr 2005 real 3 vH weniger ausgegeben als heute.

Diese Struktureffekte gehen vor allem auf die Preisänderungen des privaten Verbrauchs nach Verwendungszwecken zurück, die durch die simulierte Steuer in 2005 im Durchschnitt 5.8 vH über der BaU-Prognose liegen und deutlich kräftiger ansteigen als die Erzeugerpreise. Die Preise für feste Brennstoffe verfünffachen sich, flüssige Brennstoffe werden um 226 vH teurer. Gas und insbesondere Elektrizität einschließlich Fernwärme gewinnen für Raumwärme und Warmwasser mit Preissteigerungen von 95 vH bzw. 57 vH relative Preisvorteile. Die Kraftstoffpreise liegen 98 vH über denen der BaU-Prognose. Andere Formen der Mobilität wie fremde Verkehrsleistungen (+1.6 vH) und Fahrräder, Ge- und Verbrauchsgüter, Reparaturen (+4.7 vH) und auch die Nachrichtenübermittlung (-5.6 vH) werden gegenüber dem Autofahren relativ billiger. Wegen der billigeren Dienstleistungen liegen die Mieten um 1.8 vH niedriger.

Energiepreise, Energieverbrauch und CO_2-Emissionen

Bei der Analyse der Struktur der Energieträgerpreise in Tabelle 12 sind zwei Punkte besonders zu beachten. Erstens verteuert die CO_2-Steuer die fossilen Energieträger unterschiedlich entsprechend ihres Kohlenstoffgehalts. Zwischen Kohle, Mineralölprodukten und Gasen liegen diese Relationen etwa bei 4:3:2.

Tabelle 12: Änderung ausgewählter Energieträgerpreise in der Steuervariante gegenüber der BaU-Prognose im Jahr 2005, Westdeutschland

	Energieträger	in vH
8	Rohbraunkohle	+ 849.9
19	Leichtes Heizöl	+ 308.0
5	Steinkohle	+ 299.5
6	Steinkohlenkoks	+ 231.9
3	Verteilte Gase	+ 222.3
17	Dieselkraftstoff	+ 129.7
16	Motorenbenzin	+ 63.5
1	Elektrizität	+ 52.1

Zum zweiten hängen die Effekte aber auch von der schon heute bestehenden Steuerlast bzw. Subventionierung der Energieträger ab. Treibstoffe, insbesondere Benzin, sind bereits heute mit höheren Steuersätzen belastet als andere Energieträger. Eine einheitliche CO_2-Steuer trifft sie relativ weniger als z.B. Heizöl oder Gase. Dieselkraftstoff wird von einer CO_2-Steuer stärker verteuert als Benzin. Der bereits heute hohe Steinkohlenpreis steigt wegen der weiterhin unterstellten Subventionierung und dem steigenden Anteil billiger Importware nur unterdurchschnittlich. Braunkohle, die gegenwärtig zu Weltmarktpreisen gefördert wird, wird durch die Besteuerung drastisch stärker belastet. Die Industrie ist schließlich mehr von den

Preiserhöhungen betroffen als die privaten Haushalte, die heute jeweils höhere Abnehmerpreise für Energie bezahlen müssen. Strom, der nicht direkt steuerpflichtig ist, verteuert sich am wenigsten, auch weil annahmegemäß ein konstant gehaltener Anteil von etwa einem Drittel durch Kernenergie und Wasserkraft CO_2-frei erzeugt wird.

Tabelle 13: Änderung der Energieeinsätze in PJ und der CO_2-Emissionen nach ausgewählten Energieträgern in der Steuervariante gegenüber der BaU-Prognose im Jahr 2005 in vH, Westdeutschland

	Energieträger	Energieeinsatz	CO_2
8	Rohbraunkohle	- 32.8	- 29.2
5	Steinkohle	- 21.9	- 19.6
19	Leichtes Heizöl	- 29.4	- 26.3
3	Verteilte Gase	- 22.9	- 23.2
17	Dieselkraftstoff	- 19.3	- 19.1
16	Motorenbenzin	- 18.9	- 15.5
1	Elektrizität	- 7.2	-
	Alle Energieträger	- 19.3	- 26.3

Vor dem Hintergrund dieser Preisänderungen überrascht die Entwicklung der Energieeinsätze und CO_2-Emissionen nach Energieträgern in Westdeutschland nicht, die in Tabelle 13 dargestellt sind. Die CO_2-Emissionen gehen stärker zurück als der Energieeinsatz, zu knapp einem Fünftel wegen der Energieträgersubstitution, vor allem aber aufgrund des steigenden Anteils des nicht emissionsrelevanten Energieeinsatzes z.B. bei der Herstellung von Farben und Lacken in der Chemischen Industrie, die von der CO_2-Steuer nicht betroffen sind. Elektrizität und Benzin gewinnen Anteile. Der bezogen auf die Preisentwicklung geringe Rückgang des Stein- und Rohbraunkohleeinsatzes läßt sich mit den Besonderheiten, d.h. den niedrigen Preiselastizitäten dieser Energieträger bei der Stromerzeugung, erklären.

Energieverbrauch und CO_2-Emissionen im Produktionsbereich Elektrizität, Dampf, Warmwasser

Die Stromerzeugung in Deutschland ist durch eine monopolistische Anbieterstruktur und lange Kraftwerkslaufzeiten von oft 30 oder 40 Jahren gekennzeichnet, die im Modell durch niedrige Preiselastizitäten bezüglich der eingesetzten Primärenergie wiedergegeben sind. Die Energieträgersubstitution bleibt in den 9 Jahren bis 2005 deshalb begrenzt. Insbesondere die Steinkohle verliert aus diesem Grund bei der simulierten CO_2-Steuer nur unterdurchschnittlich Anteile.

Tabelle 14: Änderung der Energieeinsätze in PJ und der CO_2-Emissionen im Produktionsbereich Elektrizität, Dampf, Warmwasser nach ausgewählten Energieträgern in der Steuervariante gegenüber der BaU-Prognose im Jahr 2005 in vH, Westdeutschland

	Energieträger	Energieeinsatz	CO_2
20	Schweres Heizöl	- 34.5	- 34.5
8	Rohbraunkohle	- 28.2	- 28.2
19	Leichtes Heizöl	- 23.1	- 23.1
26	Kernbrennstoffe	- 21.6	-
5	Steinkohle	- 19.9	- 19.9
29	Wasserkraft	+ 0.0	-
3	Verteilte Gase	+ 15.9	+ 15.9
	Alle Energieträger	- 20.8	- 23.7

Gas wird demgegenüber verstärkt eingesetzt und hat ab dem Jahr 2001 einen geringfügig größeren Anteil bei der Stromerzeugung als Braunkohle. Die Kernenergie, deren Einsatz im Verhältnis zu den fossilen Energieträgern annahmegemäß konstant bleibt, und Kohle sind aber auch in der Steuersimulation die tragenden Säulen bei der Stromerzeugung. Ein verstärkter Einsatz erneuerbarer Energieträger wird nicht untersucht.

Energieverbrauch und CO_2-Emissionen im Produktionsbereich Eisen und Stahl

Im Bereich Eisen und Stahl kommt es zu drastischen Rückgängen von Energieeinsatz und CO_2-Emissionen, wie in Tabelle 15 dargestellt. Teile der energieintensiven Produktion werden in Deutschland aufgegeben. Bei einer Zunahme der Energieeffizienz um 10.9 vH und einem Rückgang der Produktion um 18.3 vH verringert sich der Energieeinsatz im Vergleich dazu überdurchschnittlich.

Tabelle 15: Änderung der Energieeinsätze in PJ und der CO_2-Emissionen im Produktionsbereich Eisen und Stahl nach ausgewählten Energieträgern in der Steuervariante gegenüber der BaU-Prognose im Jahr 2005 in vH, Westdeutschland

	Energieträger	Energieeinsatz	CO_2
6	Steinkohlenkoks	- 46.7	- 46.7
5	Steinkohle	- 20.2	- 20.2
3	Verteilte Gase	- 19.8	- 19.8
1	Elektrizität	- 9.3	-
	Alle Energieträger	- 41.3	- 48.9

Steinkohlenkoks bleibt zwar auch in der Steuersimulation mit Abstand wichtigster Energieträger bei der Produktion von Eisen und Stahl, aber die Rückgänge beim Einsatz von Elektrizität, Gas und Steinkohle fallen geringer aus.

Unterschiedliche CO_2-Reduktionsziele bis 2005

Neben den Auswirkungen einer CO_2-Reduktion um 25 vH ist auch die Frage interessant, wie die Volkswirtschaft reagiert, wenn in weiteren Simulationsrechnungen unterschiedlich hohe, linear ansteigende Steuersätze gewählt werden. Dazu werden zusätzlich zum (End-) Steuersatz von 345 DM/t im Jahr 2005 Simulationen für 69 DM/t, 138 DM/t, 207 DM/t und 276 DM/t in 2005 berechnet. Nach Tabelle 16 sinkt die zusätzliche CO_2-Reduktion mit steigendem Steuersatz.

Tabelle 16: Abweichungen gesamtwirtschaftlicher Größen von der BaU-Prognose bei unterschiedlichen Steuersätzen im Jahr 2005 in vH, Westdeutschland

Steuersatz in DM/t CO_2	CO_2	Bruttoinlandsprodukt	Preisniveau	Beschäftigung	Arbeitslosenquote[1]
69	- 10.5	- 1.0	+ 0.8	+ 0.7	- 0.59
138	- 16.2	- 2.1	+ 1.5	+ 1.2	- 1.07
207	- 20.2	- 3.1	+ 2.3	+ 1.7	- 1.47
276	- 23.5	- 4.1	+ 3.0	+ 2.1	- 1.83
345	- 26.3	- 5.1	+ 3.8	+ 2.5	- 2.15

[1] Änderung in Prozentpunkten.

Die Effekte auf das Bruttoinlandsprodukt (BIP) und das Preisniveau (PBIP) in Westdeutschland verlaufen weitgehend linear. Der positive Effekt auf die Beschäftigung (HS) und der damit verbundene Rückgang der Arbeitslosenquote (ALQ) schwächt sich bei einem höheren Steuersatz ab.

Zusammenfassend sind in Abbildung 4 („Die Spinne") die Auswirkungen der kompensierten CO_2-Steuer für die verschieden hohen Steuersätze grafisch dargestellt. Das äußerste der fünf gestrichelt eingezeichneten Rechtecke in diesem Schaubild repräsentiert die beschriebenen Effekte der auf 345 DM in 2005 ansteigenden Steuer auf Beschäftigung, Preisniveau und Wachstum in Westdeutschland.

Abbildung 3: Die Wirkungen alternativer Sätze einer CO_2-Steuer auf CO_2-Emissionen, Bruttoinlandsprodukt, Beschäftigung und Preisniveau - Abweichungen zur Basisprognose im Jahr 2005 in vH, Westdeutschland

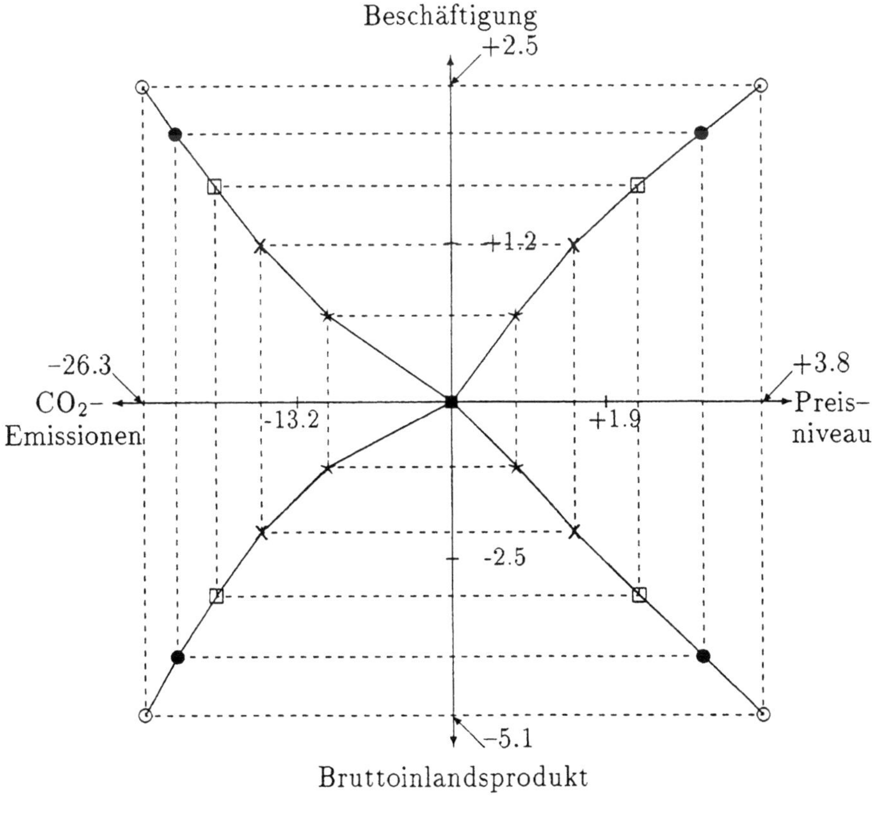

⋆ : Steuersatz im Jahr 2005: 69 DM pro t CO_2–Emissionen
x : Steuersatz im Jahr 2005: 138 DM pro t CO_2–Emissionen
□ : Steuersatz im Jahr 2005: 207 DM pro t CO_2–Emissionen
• : Steuersatz im Jahr 2005: 276 DM pro t CO_2–Emissionen
○ : Steuersatz im Jahr 2005: 345 DM pro t CO_2–Emissionen

Mit der Reduktion der Emissionen im Jahr 2005 um 25 vH gegenüber 1990 (bzw. 26.3 vH gegenüber dem Niveau der Basisprognose in 2005) geht eine Erhöhung der Beschäftigung um 2.5 vH, ein Anstieg des Preisniveaus um 3.8 vH und eine Verringerung des Bruttoinlandsprodukts um 5.1 vH - jeweils gegenüber der Basislösung - einher.

Die übrigen vier, weiter innen eingezeichneten Rechtecke veranschaulichen die Wirkungen einer weniger starken Besteuerung: Das ganz innen liegende Rechteck steht für die Wirkungen der Steuer, die bei gleichem Verlauf bis auf 69 DM je Tonne CO_2 im Jahr 2005 ansteigt. Die verbleibenden drei Rechtecke stehen für 138, 207 bzw. 276 DM Steuersatz in 2005.

Die Steigung der Kurvenzüge, die in den vier Quadranten als Verbindung zwischen den Rechteckseckpunkten eingezeichnet sind, gibt Auskunft über die marginalen gesamtwirtschaftlichen Vermeidungskosten der CO_2-Emissionen. Im linken unteren Quadranten ist beispielsweise der modellmäßig ermittelte trade off (Zielkonflikt) zwischen Emissionsminderung und Bruttoinlandsprodukt grafisch dargestellt.

Die ersten Reduktionsprozente sind demnach mit relativ geringen Einbußen beim Wirtschaftswachstum verbunden. So ergibt sich z.B. beim Steuersatz von 69 DM je Tonne CO_2 bereits eine Verringerung der Emissionen von 10.5 vH bei einem nur um 1.0 vH niedrigeren Bruttoinlandsprodukt. Weitere Reduktionen sind dann offenbar mit sukzessive höheren makroökonomischen Grenzvermeidungskosten verbunden.

4.3 Weitergehende Reduktionsmöglichkeiten bis zum Jahr 2020

CO_2-Steuersatz und -aufkommen

Weitere stetige Anhebungen des Steuersatzes ausgehend von den 345 DM je Tonne CO_2 im Jahr 2005 sind nur noch begrenzt bis zu einem Steuersatz von 625 DM/t CO_2 abbildbar. Die CO_2-Emissionen liegen dann 34 vH unter dem Niveau von 1990. Das Steueraufkommen steigt von 181 Mrd. DM im Jahr 2005 auf 289 Mrd. DM in 2020. In Preisen von 1996 sind das 161 Mrd. DM.

Gesamtwirtschaftliche Entwicklung

Das Bruttoinlandsprodukt (BIP) Westdeutschlands liegt bei diesem Szenario im Jahr 2020 um 7.0 vH niedriger als in der Basisprognose. Die durchschnittliche Wachstumsrate des BIP beträgt zwischen 1996 und 2020 jährlich 1.1 vH. Bei den einzelnen Komponenten zeigen sich teilweise andere Effekte als noch im Jahr 2005. Überdurchschnittlich geht jetzt der private Verbrauch mit 8.4 vH gegenüber der Basisprognose zurück, wobei er aber immer noch um 1.2 vH pro Jahr zunimmt.

Leicht unter dem Durchschnitt fällt der Rückgang gegenüber der Referenzprognose bei den Ausrüstungsinvestitionen (-5.4 vH), den Exporten (-4.5 vH), den Importen (-6.0 vH) und - anders als noch im Jahr 2005 - auch dem Staatsverbrauch (-5.9 vH) aus. Die Bauinvestitionen liegen nur um 1.0 vH niedriger als in der Referenzprognose. Die Güterpreise steigen wegen der Steuer um insgesamt 3.8 vH. Die

Beschäftigungseffekte sind bei dieser starken Besteuerung im Jahr 2020 mit 0.9 vH zusätzlichen Arbeitsstunden in Westdeutschland gegenüber der Basisprognose deutlich geringer als in 2005.

Entwicklung der Produktions- und Preisstruktur

Die Bruttoproduktion liegt gesamtwirtschaftlich um 6.7 vH niedriger als in der BaU-Prognose, wie Tabelle 17 ausweist. Besonders kräftig fallen die Rückgänge in den energieliefernden Bereichen mit Ausnahme der Elektrizität aus. Daneben sind einige energieintensive Bereiche besonders betroffen, während die Abweichungen in den anderen Produktionsbereichen gering sind.

Tabelle 17: Änderung der Bruttoproduktion ausgewählter Produktionsbereiche in der Steuervariante gegenüber der BaU-Prognose im Jahr 2020 in vH, Westdeutschland

	Produktionsbereich	
6	Kohlenbergbau	- 59.1
10	Mineralölerzeugnisse	- 58.1
8	Erdöl, Erdgas	- 44.0
16	Eisen und Stahl	- 30.5
4	Gas	- 28.3
32	Zellstoff, Holzschliff, Papier, Pappe	- 17.9
9	Chemie, Spalt- und Brutstoffe	- 14.4
17	NE-Metalle	- 10.0
3	Elektrizität, Dampf, Warmwasser	- 9.1
	Alle Produktionsbereiche	- 6.7

Ähnlich verläuft die Entwicklung bei den Güterpreisen, wie in Tabelle 18 dargestellt. Kohle verteuert sich mit Abstand am stärksten, Strom wird relativ billiger. Daneben steigen die Preise einiger energieintensiver Güter. Dagegen fallen die Preiseffekte bei der anderen Gütern eher gering aus, so daß die Preise insgesamt nur um 3.8 vH höher liegen als in der Basisprognose. Viele Dienstleistungen werden billiger.

Tabelle 18: Änderung ausgewählter Güterpreise in der Steuervariante gegenüber der BaU-Prognose im Jahr 2020 in vH, Westdeutschland

	Gütergruppe	
6	Kohle, Erzeugnisse des Kohlenbergbaus	+ 1047.9
10	Mineralölerzeugnisse	+ 324.0
4	Gas	+ 319.5
3	Elektrizität, Dampf, Warmwasser	+ 57.4
16	Eisen und Stahl	+ 51.2
32	Zellstoff, Holzschliff, Papier, Pappe	+ 27.0
17	NE-Metalle, NE-Metallhalbzeug	+ 13.1
9	Chemische Erzeugnisse, Spalt- und Brutstoffe	+ 11.7
	Alle Gütergruppen	+ 3.8

Damit sind die strukturellen Veränderungen gegenüber der BaU-Prognose sehr ähnlich wie im Jahr 2005. Auch bei der Beschäftigung und dem privaten Verbrauch gelten die sektoralen Aussagen für das Jahr 2005 in ihrer Tendenz noch 15 Jahre später bei dem wesentlich höheren Steuersatz.

Energieverbrauch und CO_2-Emissionen

Energieeinsätze und Emissionen in Westdeutschland liegen bei dieser Simulation einer CO_2-Steuer bis zum Jahr 2020 um 26.3 vH bzw. 33.7 vH niedriger als in der BaU-Prognose. Nur unterdurchschnittlich sind die Rückgänge bei Stein- und Braunkohle, deren

Einsatz sich aber bereits in der Basisprognose gegenüber heute in etwa halbiert, und bei Elektrizität. Der Verbrauch von Treibstoffen steigt auch mit Steuer gegenüber heute leicht an. Die Steinkohle bleibt dabei mit Abstand vor den verteilten Gasen wichtigster fossiler Energieträger zur Stromerzeugung.

Tabelle 19: Änderung der Energieeinsätze in PJ und der CO_2-Emissionen nach ausgewählten Energieträgern in der Steuervariante gegenüber der BaU-Prognose im Jahr 2020 in vH, Westdeutschland

	Energieträger	Energieeinsatz	CO_2
19	Leichtes Heizöl	- 47.9	- 41.4
3	Verteilte Gase	- 36.4	- 37.0
8	Rohbraunkohle	- 32.2	- 24.2
17	Dieselkraftstoff	- 27.8	- 27.5
16	Motorenbenzin	- 27.7	- 22.7
5	Steinkohle	- 22.5	- 18.0
1	Elektrizität	- 9.4	-
	Alle Energieträger	- 26.3	- 33.7

Zur Rolle der Kompensationszahlungen

Bei Steuersätzen oberhalb von 625 DM pro Tonne CO_2 sind zum einen die Einsparpotentiale weitgehend erschöpft, und zum anderen begünstigt die steigende Kompensation den Energieeinsatz in arbeitsintensiven Bereichen. Die Emissionen werden nicht mehr reduziert, sondern nur noch intersektoral umverteilt. Eine Steigerung der Öko-Effizienz scheint hier über den Steuersatz nicht mehr weiter möglich. Weitere Senkungen der Emissionen sind nur noch über niedrigere Kompensationen an die Unternehmen erreichbar.

Tabelle 20 zeigt den Zusammenhang zwischen der Höhe der Kompensationszahlungen (als Anteil an den CO_2-Steuereinnahmen) und den Auswirkungen auf das Bruttoinlandsprodukt, die Arbeitsstunden, die Preisentwicklung und die Emissionen. Den jeweiligen Rest der Steuereinnahmen verwendet der Staat in allen Simulationsrechnungen zur Senkung seiner Defizite.

Tabelle 20: Auswirkungen verschiedener Kompensationssätze auf gesamtwirtschaftliche Größen gegenüber der BaU-Prognose im Jahr 2020 in vH, Westdeutschland

Steuersatz in DM je Tonne CO_2	Kompensation der Steuereinnahmen	Brutto-inlands-produkt	Beschäf-tigung	Preis-niveau	CO_2 gegenüber 1990
625	75 vH	- 7.0	+ 0.9	+ 3.8	- 33.7
625	37.5 vH	- 11.2	- 3.2	+ 7.9	- 36.0
625	0 vH	- 14.9	- 6.9	+ 12.0	- 38.1

Es zeigt sich, daß das Potential für eine noch weitere Reduktion sehr gering ist, und daß die Kosten dafür sehr hoch sind. Eine Halbierung des Kompensationsanteils am Aufkommen von 75 auf 37.5 vH führt bei einem Rückgang des Bruttoinlandsprodukts in Westdeutschland um weitere 4 Prozentpunkte, hohen Rückgängen bei der Beschäftigung und deutlichen Preissteigerungen nur zu einer zusätzlichen Senkung der CO_2-Emissionen um 2.3 vH des Wertes von 1990 oder rund 16 Mio. Tonnen.

Wird die Kompensation gänzlich vom Staat einbehalten, sind die zusätzlichen Verluste beim Bruttoinlandsprodukt und bei den Arbeitsstunden nochmals ähnlich hoch. Vergleichbar kleine Emissionsminderungen werden dann mit enormen ökonomischen und sozialen

Kosten erkauft. Die Empfehlung der Enquete-Kommission VSE (1991), die CO_2-Emissionen bis 2020 zu halbieren, wird zumindest für Westdeutschland auch in diesem Fall nicht erreicht.

Geringere Reduktionsziele

Nicht nur für das Jahr 2005, sondern auch für das Jahr 2020 sind Varianten mit geringeren Steuersätzen durchgespielt worden. Wie im Jahr 2005 führen niedrige Steuersätze zu einer deutlichen CO_2-Reduktion, wie Tabelle 21 zeigt. Mit steigendem Steuersatz wird dann die zusätzliche CO_2-Reduktion immer schwächer.

Tabelle 21: Abweichungen gesamtwirtschaftlicher Größen von der BaU-Prognose bei unterschiedlichen Steuersätzen im Jahr 2020 in vH, Westdeutschland

Steuersatz in DM je Tonne CO_2	CO_2	Brutto-inlands-produkt	Preis-niveau	Beschäfti-gung	Arbeits-losen-quote[1]
125	- 15.6	- 1.7	+ 0.8	+ 0.4	- 0.33
250	- 22.6	- 3.2	+ 1.6	+ 0.5	- 0.50
375	- 27.1	- 4.6	+ 2.5	+ 0.7	- 0.64
500	- 30.7	- 5.8	+ 3.3	+ 0.8	- 0.78
625	- 34.0	- 7.0	+ 4.2	+ 0.9	- 0.92

[1] Änderung in Prozentpunkten.

Die Änderung von Bruttoinlandsprodukt und Preisniveau entwickelt sich parallel zum Steuersatz. Dagegen fällt der Beschäftigungseffekt mit steigendem Steuersatz immer schwächer aus. Dieser Zusammenhang zeigt sich auch bei der Arbeitslosenquote. Abbildung 4 veranschaulicht diese Zusammenhänge noch einmal grafisch.

Abbildung 4: Die Wirkungen alternativer Sätze einer CO_2-Steuer auf CO_2-Emissionen, Bruttoinlandsprodukt, Beschäftigung und Preisniveau - Abweichungen zur Basisprognose im Jahr 2020 in vH, Westdeutschland

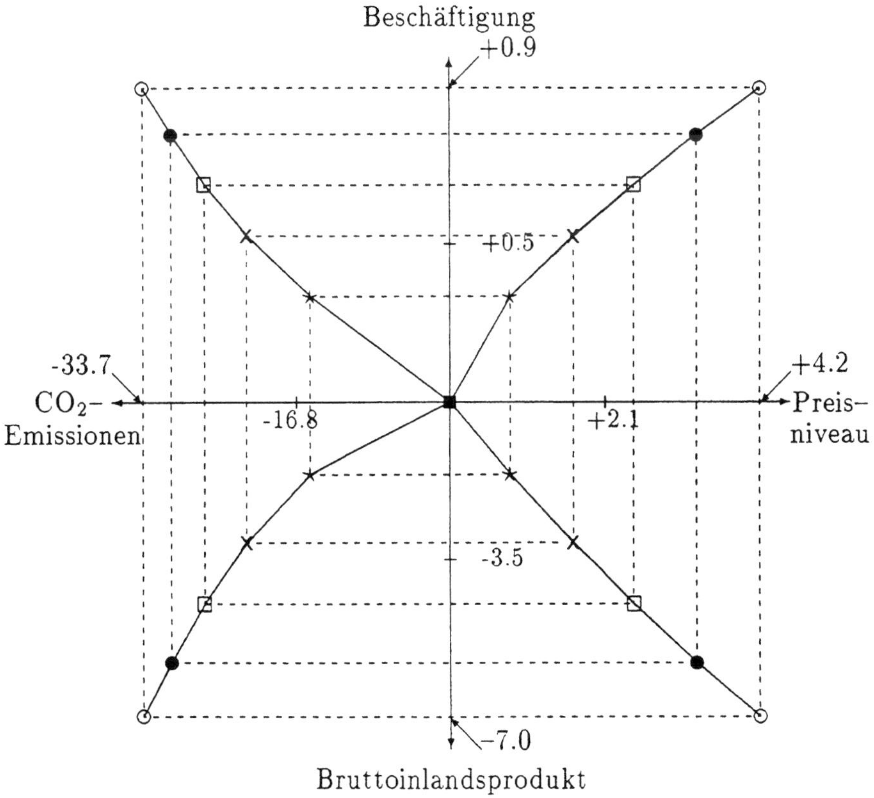

⋆ : Steuersatz im Jahr 2020: 125 DM pro t CO_2–Emissionen
x : Steuersatz im Jahr 2020: 250 DM pro t CO_2–Emissionen
□ : Steuersatz im Jahr 2020: 375 DM pro t CO_2–Emissionen
• : Steuersatz im Jahr 2020: 500 DM pro t CO_2–Emissionen
○ : Steuersatz im Jahr 2020: 625 DM pro t CO_2–Emissionen

5 Reduktion der wesentlichen Luftschadstoffemissionen

5.1 Vorgehensweise

Neben den CO_2-Emissionen werden im Modell PANTA RHEI für sieben weitere, wichtige Luftschadstoffe - Stickoxide (NO_x), Schwefeldioxid (SO_2), Kohlenmonoxid (CO), flüchtige organische Verbindungen außer Methan (NMVOC), Methan (CH_4), Lachgas (N_2O) und Staub - die energiebedingten wie auch die material- bzw. prozeßbedingten (nicht-energiebedingten) Emissionen endogen bestimmt.

Bei den energiebedingten Emissionen wird dabei an die emissionsrelevanten Energieeinsätze EE_{kj} angeknüpft, die im Modell endogen berechnet werden. Durch Multiplikation dieser Energieeinsätze mit schadstoffspezifischen Emissionsfaktoren FX_{kj} können die Emissionen der sieben Schadstoffe EX_{kj} nach 29 Energieträgern k für die 58 Produktionsbereiche (j = 1, ... , 58) sowie für die privaten Haushalte (j = 60) bestimmt werden:

$$EX_{kj}(t) = FX_{kj}(t) \cdot EE_{kj}(t), \qquad k = 1, \dots, 29 \;\; und \;\; j = 1, \dots, 58, 60. \qquad (1)$$

Anders als im Fall von Kohlendioxid sind diese Emissionsfaktoren, d.h. die Emissionen pro eingesetzter Einheit eines Energieträgers k, aber nicht durch den Kohlenstoffgehalt fest vorgegeben, sondern schwanken mit der Verbrennungstechnik und dem möglichen Einsatz von Filtertechnologien.

Zur Erklärung ihrer zeitlichen Entwicklung wurden die jeweils 469 von Null verschiedenen Elemente der Matrix der Emissionsfaktoren (29*59) aller sieben Schadstoffe für den Zeitraum von 1978 bis 1990 doppellogarithmisch auf den Zeittrend regressiert. Waren die Ergebnisse statistisch signifikant (vgl. Tabelle 22), wurden die Schätzfunktionen anschließend auf ihre Plausibilität im Prognosezeitraum hin untersucht und gegebenenfalls durch lineare Vorgaben ersetzt.

Für NO_x, insbesondere für den Benzineinsatz in allen Sektoren, wurden 64 solcher korrigierender Eingriffe vorgenommen, für Staub und Lachgas je 1, für Methan 2 und für Kohlenmonoxid 3. Dieses einfache Vorgehen kann selbstverständlich nur grobe Abschätzungen liefern. Gegenüber anderen Studien bietet es aber den Vorteil, daß die Emissionsfaktoren als durch technische Maßnahmen veränderbar angesehen werden. Dagegen hat z.B. das ZEW in einer Studie für den Sachverständigenrat für Umweltfragen (1996, S. 373ff) mit konstanten Emissionsfaktoren gerechnet. Auf der anderen Seite hätte die sehr aufwendige Erstellung und Modellierung für jeden einzelnen Emissionsfaktor auf Basis von Detailinformationen den Zeitrahmen des hier dokumentierten Projekts gesprengt (zu einem solchen Vorgehen für NO_x und SO_2 vgl. Lutz 1998).

Da die betrachteten Schadstoffe in teilweise großem Maße nicht nur bei Verbrennungsprozessen, sondern auch bei anderen Prozessen entstehen, werden auch diese nicht-energiebedingten (material- bzw. prozeßbedingten) Emissionen in PANTA RHEI erfaßt. Dazu werden zunächst für die Jahre 1978 bis 1990 Emissionskoeffizienten berechnet, die die Emissionen pro Einheit Bruttoproduktion im jeweiligen

Produktionsbereich angeben. In einem zweiten Schritt werden diese Emissionskoeffizienten über technologische Zeittrends geschätzt und - wie oben im Fall der energiebedingten Emissionen - auf statistische Signifikanz und auf Plausibilität im Prognosezeitraum geprüft (vgl. Tabelle 22). Durch Multiplikation dieser Koeffizienten mit den sektoralen Bruttoproduktionswerten werden die prozeßbedingten Emissionen nach Sektoren im Modell PANTA RHEI endogen bestimmt.

Tabelle 22: Durchgeführte Trendschätzungen und statistisch signifikante Ergebnisse, Westdeutschland

Schadstoff	energiebedingte Emissionen		prozeßbedingte Emissionen	
	getestet	signifikant	getestet	signifikant
NO_x	469	141	3	3
SO_2	469	173	8	8
NMVOC	469	229	54	54
Methan (CH_4)	469	243	7	7
Lachgas (N_2O)	469	132	3	1
CO	469	276	4	4
Staub	469	308	11	11

Diese grobe Abschätzung kann nur ein erster, vorläufiger Schritt zur Berechnung der materialbedingten Emissionen sein. Idealerweise müßten die emissionsrelevanten Prozesse wie die Energieeinsätze in tiefer Disaggregation in Zeitreihenform vorliegen. So sind bisher z.B. die Prozeßemissionen der Landwirtschaft nicht einmal in tierische und pflanzliche Prozesse - geschweige denn tiefer - gegliedert in der Input-Output-Rechnung ausgewiesen. Erst bei Vorliegen einer solchen tiefen Disaggregation, realisiert in einem weiteren Satellitensystem zur Input-Output-Rechnung vergleichbar der Energieträgerrechnung, können aber intrasektorale Effekte analysiert werden.

Diese dürften bei einer Steuerbelastung der Methanemissionen in der Landwirtschaft erheblich sein, weil z.B. Rinder sehr viel höhere Emissionen verursachen als Schweine oder Geflügel.

Die Emissionsfaktoren entwickeln sich in allen Simulationen bei der hier gewählten Modellierung identisch, unabhängig von der Steuerbelastung einzelner Luftschadstoffe. Vor diesem Hintergrund ist davon auszugehen, daß die Emissionen der belasteten Luftschadstoffe, mit Ausnahme von CO_2, tatsächlich schneller sinken würden als in den hier beschriebenen Simulationsrechnungen. Die Berücksichtigung solcher technischer Vermeidungsmaßnahmen, die die gesamtwirtschaftlichen Vermeidungskosten von Schadstoffemissionen reduzieren, wird für NO_x in Kapitel 6 beschrieben.

Zur Bestimmung der Vermeidungskosten einer Reduktion der wesentlichen klima- bzw. versauerungsrelevanten Emissionen wird wiederum die in Kapitel 3 beschriebene Business as Usual-Prognose als Vergleichsmaßstab zurückgegriffen, die die strukturelle und gesamtwirtschaftliche Entwicklung ebenso wie die zukünftigen Emissionen ohne die zu simulierenden Umweltsteuern beschreibt.

In einem zweiten Schritt werden dann die Rechnungen für zwei Vermeidungsstrategien, eine Klima- und eine Versauerungssteuer, wiederholt. Der Vergleich der Ergebnisse dieser Politikvarianten mit der Basisprognose ergibt dann die Emissionsvermeidungskosten und -erträge als Abweichungen der Werte der Modellvariablen bei diesen Simulationen von denen der BaU-Prognose. Alle Simulationsrechnungen gehen von den in Abschnitt 3.2 beschriebenen Annahmen bzgl. Tarifpolitik und Arbeitsmarkt, Finanzpolitik, Geldpolitik, internationalem Handel, Wechselkursentwicklung und Energiepolitik aus. Die Simulationsergebnisse beziehen sich wiederum auf den Gebietsstand *Westdeutschland.*

Außerdem gelten die selben Annahmen wie für die CO_2-Steuer im vorangegangenen Kapitel. Drei Viertel des Steueraufkommens werden zur Reduktion der Arbeitgeberbeiträge zur Sozialversicherung eingesetzt. Zusätzliche Stromimporte aus dem Ausland sind nicht zugelassen. Die Produzenten und Importeure fossiler Energieträger zahlen die Steuern für die mit der Verbrennung der Energie anfallenden Emissionen. Die Steuerzahlungen für die prozeßbedingten Emissionen müssen die emittierenden Produktionsbereiche leisten, wobei ebenfalls unterstellt wird, daß sie die Steuer voll überwälzen können.

5.2 Die Entwicklung der Emissionen in der Basisprognose

In der Business as Usual-Prognose (BaU-Prognose), deren ökonomische und energiewirtschaftliche Ergebnisse bereits in Abschnitt 3.3 dargestellt wurden, gehen für einen Großteil der hier betrachteten Luftschadstoffe die Emissionen entsprechend der in Abschnitt 5.1 beschriebenen Entwicklung der Emissionsfaktoren zwischen 1990 (vgl. Tabelle 23, Spalte 2) und dem Jahr 2005 (Spalte 3) zurück. Während die emissionsrelevanten Energieeinsätze in Westdeutschland und mit diesen die CO_2-Emissionen, die zumindest für die nächsten Jahre wegen des Fehlens von end of the pipe-Technologien fest aneinander gekoppelt sind, in diesem Zeitraum sogar leicht zunehmen, liegt der Ausstoß bei allen übrigen betrachteten Luftschadstoffen mit Ausnahme von Lachgas (N_2O) im Jahr 2005 niedriger als in 1990. Besonders für SO_2, NMVOC und CO führen die ermittelten technologischen Trends zu einem starken Rückgang.

Tabelle 23: Emissionen in 1990 sowie in der BaU-Prognose und bei konstanter Emissionsminderungstechnik im Jahr 2005 in kt, Westdeutschland

Schadstoff	zum Vergleich: 1990	BaU-Prognose (2005)	Technikstand von 1990 (2005)
CO_2	699383	715830	715830
NO_x	2419	2083	2661
SO_2	919	531	807
NMVOC	1450	1161	1631
Methan (CH_4)	4363	3943	4304
Lachgas (N_2O)	155	189	192
CO	7031	4399	7574
Staub	431	401	463

Dagegen gleichen sich bei den Stickoxiden (NO_x) der technische Fortschritt und die steigenden Energieeinsätze insbesondere im Verkehr beinahe aus. Die Lachgasemissionen nehmen deutlich zu, weil die sie hervorrufenden Prozesse in der Landwirtschaft und der Chemischen Industrie ebenfalls weiter ansteigen, und die trendmäßigen technischen Emissionsminderungen gering ausfallen.

Um zu verdeutlichen, welchen Einfluß die in Abschnitt 5.1 beschriebenen technischen Trends auf die Entwicklung der Emissionen haben, sind in der letzten Spalte von Tabelle 23 die sich bei einer Vergleichssimulation „Technikstand von 1990" ergebenden Emissionen dargestellt, die die Einsatzmengeneffekte verdeutlichen. Mit der Emissionsminderungstechnik des Jahres 1990 hätten nur die SO_2- und CH_4-Emissionen 2005 etwas niedriger gelegen als 1990.

Der Ausstoß der anderen Luftschadstoffe hätte in diesem Fall aufgrund steigender Energieeinsätze bzw. Prozesse sogar zugenommen. Die unterschiedliche Entwicklung bei den verschiedenen Luftschadstoffen erklärt sich aus der jeweils spezifischen Emissionsstruktur. Beispielsweise ist dieser Struktureffekt für NO_x und NMVOC negativ, weil vermehrt Energie im Verkehr eingesetzt wird, wo der Energieeinsatz mit relativ hohen spezifischen Emissionen verbunden ist.

Abbildung 5 zeigt die Entwicklung der Stickoxidemissionen in Westdeutschland von 1978 bis 2005, wobei der Prognosezeitraum im Jahr 1991 beginnt. Die NO_x-Emissionen sind seit 1986 rückläufig, weil die Einführung von Katalysatoren bei Pkw und die in der Großfeuerungsanlagenverordnung vorgeschriebene Rauchgasentstickung, vor allem von 1986 bis 1989, die Emissionen gesenkt haben.

Abbildung 5: NO_x-Emissionen in der BaU-Prognose von 1978 bis 2005 in kt, Westdeutschland

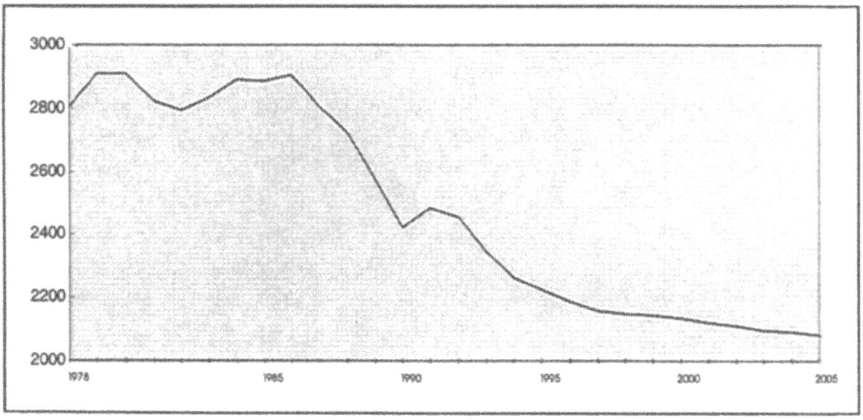

Unterbrochen wird dieser Trend nur durch den Boom nach der Wiedervereinigung Deutschlands, der zu einem deutlich höheren Energieeinsatz geführt hat. Zugleich wird deutlich, daß die stark gesunkenen Emissionsfaktoren von benzinbetriebenen Pkw nur für einen langsamen Rückgang der Gesamtemissionen ausreichen, weil gleichzeitig die verbrauchten Treibstoffmengen weiter ansteigen.

Die in Abbildung 6 gezeigten Emissionen von Methangas werden überwiegend bei nicht-energiebedingten Prozessen freigesetzt, so daß ihre Prognose - wie in Abschnitt 5.1 beschrieben - mit größeren Unsicherheiten verbunden ist als die der beinahe vollständig energiebedingten Emissionen von NO_x, SO_2 oder NMVOC. Die Methanemissionen in Westdeutschland sind beinahe im gesamten Zeitraum leicht rückläufig. Diese Tendenz und die dabei auftretenden Schwankungen gehen vor allem auf die bei der Kohleförderung frei werdenden Methangasemissionen zurück.

Abbildung 6: Methanemissionen in der BaU-Prognose von 1978 bis 2005 in kt, Westdeutschland

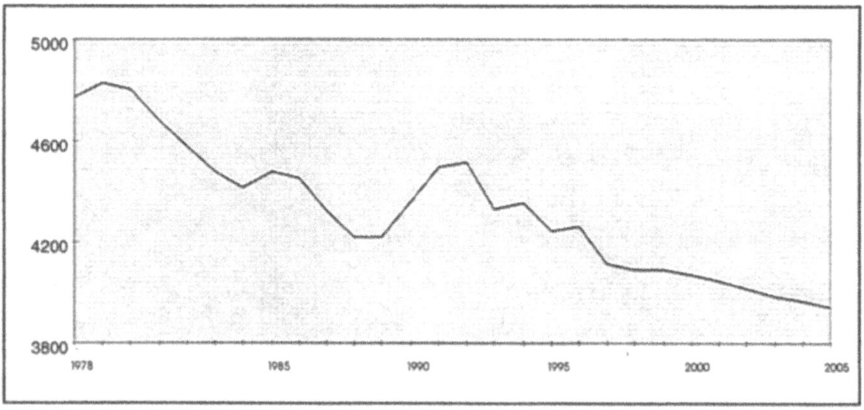

Die Methanemissionen liegen in der Basisprognose somit in erster Linie deshalb in 2005 niedriger als noch in den 80er Jahren, weil die inländische Kohleförderung zurückgeht. Der vorübergehende Anstieg in den Jahren 1989 bis 1992 wurde darüber hinaus auch durch zusätzliche Emissionen im Müllbereich (Produktionsbereich 56) ausgelöst.

Ähnlich wie die NO_x-Emissionen entwickeln sich nach 1990 auch die NMVOC-, die SO_2- und die Staubemissionen, die im Zuge des Einheitsbooms zunächst wieder leicht zunehmen, um danach deutlich zu sinken. Dabei flacht sich die Kurve zum Ende hin ab. Die Kohlenmonoxidemissionen sinken in der BaU-Prognose über den gesamten Zeitraum, wobei sich auch in diesem Fall der Rückgang ab Mitte der 90er Jahre abschwächt. Eine Ausnahme bilden nur die zunehmenden Lachgasemissionen, deren Bestimmung allerdings auch mit größeren Unsicherheiten verbunden ist, weil der Lachgasausstoß überwiegend materialbedingt ist.

5.3 Ergebnisse: Klima- und Versauerungssteuer

Im weiteren werden die Ergebnisse von drei Simulationrechnungen für Westdeutschland gegenübergestellt: Erstens die *CO_2-Steuer* mit einem (End-)Steuersatz von 345 DM/t CO_2 in 2005, die bereits in Kapitel 4 ausführlich dargestellt wurde.

Zweitens wird eine *Klimasteuer* simuliert, die neben CO_2 zusätzlich Methan und Lachgas entsprechend der unterschiedlichen Klimarelevanz belastet. Zur Senkung der klimarelevanten Emissionen um 25 vH gegenüber 1990 wird in 2005 eine Tonne CO_2 mit 400 DM belastet, ein Tonne Methan und Lachgas kosten 9.8 Tsd. DM bzw. 128 Tsd. DM. Die Steuersätze steigen jeweils von 1996 bis zum Jahr 2005 linear an. Die Klimarelevanz der drei Schadstoffe wird gemäß dem Intergovernmental Panel on Climate Change (IPCC 1994) im Verhältnis 1:24.5:320 gewichtet. Die Klimawirkung einer Tonne Methan ist demnach 24.5 mal so stark wie die einer Tonne CO_2.

Drittens wird eine *Versauerungssteuer* mit einer Belastung der versauerungsrelevanten Schadstoffe SO_2 und NO_x beschrieben. Nach IPCC (1992) wird unterstellt, daß 1 Tonne Schwefeldioxid stärker zur Versauerung beiträgt als 1 Tonne Stickoxide (Verhältnis 1:0.7). Um die Ergebnisse von Klima- und Versauerungssteuer miteinander vergleichbar zu machen, werden die Steuersätze so gewählt, daß sich die jeweiligen Wirkungen der Steuern auf den emissionsrelevanten Energieverbrauch und damit auf die CO_2-Emissionen entsprechen.

Bei der Simulation der Klimasteuer werden die Prozeßemissionen der Landwirtschaft von der Besteuerung ausgenommen. Der Grund dafür ist die fehlende tiefe Disaggregation der Prozeßemissionen und die deshalb gewählte einfachere Modellierung der Steuer, die - wie im Abschnitt 5.1 dargestellt - die Güterpreise des jeweiligen Sektors erhöht. Dabei wird unterstellt, daß die Steuerlast vollständig überwälzt werden kann. Im Fall der Methanemissionen der Landwirtschaft würden die steigenden Preise für landwirtschaftliche Produkte wegen der geringen Preiselastizitäten der Nachfrage nach landwirtschaftlichen Gütern zu einer um 4.6 vH zunehmenden Bruttoproduktion und somit zu erhöhten Emissionen führen, was nicht Ziel der Besteuerung ist. Das Ergebnis dieser nicht weiter verfolgten Simulationsrechnung ist auch ein Indiz dafür, daß Preisinstrumente auf regulierten Märkten nicht immer die gewünschte Wirkung zeigen.

Weder die Klimasteuer noch die Versauerungssteuer können in der hier modellierten Form den Anspruch erheben, alle Schadstoffe des jeweiligen Problembereichs zu belasten. Zur weltweiten Erwärmung tragen auch die FCKW, die in Deutschland aber nicht mehr produziert werden dürfen, und indirekt NO_x, CO und NMVOC bei, deren Auswirkungen bei der Klimasteuersimulation nicht berücksichtigt werden. Bei der Versauerungssteuer werden nur die SO_2- und die NO_x-Emissionen, nicht aber die ebenfalls relevanten Ammoniakemissionen berücksichtigt.

Tabelle 24: Änderung der Emissionen bei unterschiedlichen Steuervarianten gegenüber der BaU-Prognose im Jahr 2005 in vH [Belastungsfaktoren], Westdeutschland

Schadstoff	CO_2-Steuer	Klimasteuer auf CO_2, Methan und Lachgas	Versauerungssteuer auf SO_2 und NO_x
CO_2	- 26.3 [1.0]	- 28.5 [1.0]	- 27.2
Methan (CH_4)	- 17.3	- 18.6 [24.5]	- 12.5
Lachgas (N_2O)	- 8.5	- 15.3 [320.0]	- 10.5
Klimaäquivalente	- 24.7	- 26.5	- 24.4
NO_x	- 18.6	- 20.9	- 29.5 [0.7]
SO_2	- 31.3	- 34.6	- 45.4 [1.0]
Säureäquivalente	- 21.6	- 24.5	- 33.8
NMVOC	- 18.0	- 20.4	- 30.8
CO	- 23.9	- 26.2	- 31.1
Staub	- 25.1	- 26.4	- 25.8

Wie aus Tabelle 24 ersichtlich ist, differieren die Umwelteffekte der drei Steuervarianten für Westdeutschland leicht mit der unterschiedlichen Belastung einzelner Schadstoffe. Die jeweiligen Belastungskoeffizienten der berücksichtigten Schadstoffe sind noch einmal in eckigen Klammern angegeben. Die Klimaäquivalente (Zeile 5) und die Säureäquivalente (Zeile 8) beschreiben den gesamten Klima- bzw. Versauerungseffekt für jede der simulierten Steuern über die jeweils relevanten Schadstoffe. So liegt z.B. im Fall der CO_2-Steuer die Klimawirkung der betrachteten Emissionen im Jahr 2005 um 24.7 vH niedriger als in der BaU-Prognose. Die Versauerungswirkung geht mit der CO_2-Steuer um 21.6 vH zurück. Die Klima- und CO_2-Steuer führen somit zu einem stärkeren Klimaeffekt, während die Versauerungssteuer insbesondere die Versauerung reduziert. Die Lachgasemissionen werden am stärksten durch die Klimasteuer reduziert. Interessant ist, daß die reine CO_2-Steuer bereits zu einer deutlichen Reduktion der anderen Luftemissionen führt.

Die Versauerungssteuer wirkt besonders auf die SO_2-Emissionen und auf die in erster Linie verkehrsbedingten NO_x-Emissionen, wobei die ebenfalls stark verkehrsbedingten Emissionen von NMVOC und CO fast gleichschrittig zurückgehen. Auffällig bei der Klimasteuer ist, daß die direkt belasteten Methan- und Lachgasemissionen am wenigsten reduziert werden. Dies ist darauf zurückzuführen, daß mit den CO_2-Emissionen auch die emissionsrelevanten Energieeinsätze und die daran anknüpfenden Emissionen (NO_x, SO_2, CO, NMVOC) zurückgehen, während die Methan- und Lachgasemissionen vor allem prozeßbedingt sind. Für einen deutlichen Rückgang der emissionsverursachenden Prozesse reichen die Steuersätze auf diese beiden Schadstoffe aber offenbar nicht aus (bzw. ist die Modellierung aus den oben genannten Gründen nicht realitätsnah genug).

Abbildung 7 zeigt am Beispiel der Stickoxide die zeitliche Entwicklung der Emissionen im Fall der Versauerungssteuer. Bei den ab 1996 linear ansteigenden Sätzen gehen die NO_x-Emissionen zunächst recht deutlich zurück. Mit sinkender relativer Zusatzbelastung fällt der Rückgang der Emissionen später immer geringer aus.

Abbildung 7: NO_x-Emissionen von 1995 bis 2005 in kt, Westdeutschland

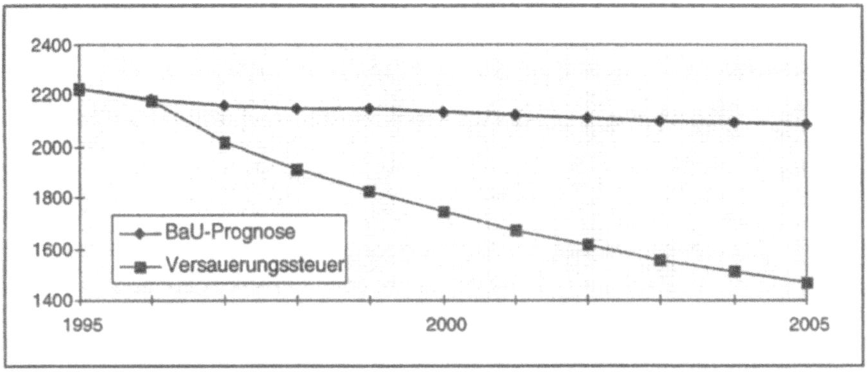

Die gesamtwirtschaftlichen Effekte in Westdeutschland sind für die drei verschiedenen Steuervarianten in Tabelle 25 dargestellt. Der Beschäftigungseffekt der Klimasteuer ist vor allem wegen des höheren Steuer- und somit Kompensationsaufkommens größer als bei der reinen CO_2-Steuer. Die Versauerungssteuer liefert das vergleichsweise negativste Ergebnis: Der Rückgang des Bruttoinlandsprodukts (BIP) gegenüber der Basisprognose fällt am stärksten und der Beschäftigungszuwachs am geringsten aus. Zusätzlich ergibt sich hier der stärkste Preisauftrieb aller drei Alternativen.

Tabelle 25: Änderung gesamtwirtschaftlicher Größen bei unterschiedlichen Steuervarianten gegenüber der BaU-Prognose im Jahr 2005 in vH, Westdeutschland

	CO_2-Steuer	Klimasteuer auf CO_2, Methan und Lachgas	Versauerungssteuer auf SO_2 und NO_x
BIP	- 5.1	- 5.7	- 6.5
Preisniveau	+ 3.4	+ 3.1	+ 4.0
Beschäftigung	+ 2.5	+ 3.6	+ 2.0
Steueraufkommen	182 Mrd. DM	257 Mrd. DM	200 Mrd. DM

Auf der sektoralen Ebene sind die Unterschiede zwischen CO_2- und Klimasteuer von wenigen Ausnahmen abgesehen gering, wie in der Tabelle 26 abgelesen werden kann. Besonders stark betroffen durch die zusätzliche Besteuerung von Methan und Lachgas ist die Chemische Industrie. Auch der Einsatz von Gas und Mineralölerzeugnissen geht noch weiter zurück als bei der reinen CO_2-Steuer.

Tabelle 26: Abweichung der Bruttoproduktionswerte in Preisen von 1985 gegenüber der BaU-Prognose im Jahr 2005 in vH, Westdeutschland

	Produktionsbereich	BaU-Prognose in Mrd. DM	CO_2-Steuer	Klimasteuer	Versauerungssteuer
1	Landwirtschaft	71.0	- 1.9	- 1.6	- 0.8
2	Forstwirtschaft, Fischerei	16.6	+ 1.9	+ 3.4	- 0.3
3	Elektrizität/Warmwasser	105.8	- 6.6	- 7.8	- 6.5
4	Gas	42.4	- 12.4	- 16.7	- 0.9
5	Wasser	9.8	- 4.7	- 5.2	- 5.4
6	Kohlenbergbau	19.2	- 50.5	- 52.2	- 35.5
7	Erze, Salze, Torf	6.1	- 1.2	- 2.9	- 2.6
8	Erdöl, Erdgas	3.6	- 7.9	- 11.2	- 18.2
9	Chemie, Spalt- und Brutstoffe	320.7	- 8.3	- 20.1	- 11.9
10	Mineralölerzeugnisse	92.1	- 42.5	- 48.1	- 67.4
11	Kunststofferzeugnisse	97.0	- 2.0	- 2.8	- 2.2
12	Gummierzeugnisse	23.2	+ 0.5	+ 0.7	+ 1.5
13	Steine und Erden, Baustoffe	46.3	- 5.2	- 5.7	- 5.8
14	Feinkeramik	5.2	- 4.0	- 3.8	- 4.6
15	Glas und Glaswaren	20.5	- 8.8	- 9.2	- 27.2
16	Eisen und Stahl	112.5	- 18.5	- 20.3	- 15.0
17	NE-Metalle/-Metallhalbzeug	60.6	- 9.0	- 11.0	- 5.1
18	Giessereierzeugnisse	22.3	- 1.9	- 1.5	- 1.1
19	Ziehereien, Kaltwalzwerke	67.6	- 10.4	- 11.4	- 6.9
20	Stahlbau/Schienenfahrzeuge	35.7	- 5.7	- 5.5	- 5.8
21	Maschinenbauerzeugnisse	206.2	- 1.5	- 1.6	- 1.4
22	Büromaschinen, EDV	40.7	+ 0.4	+ 0.7	+ 0.3
23	Straßenfahrzeuge	361.3	- 0.6	+ 0.2	+ 0.7
24	Wasserfahrzeuge	8.0	- 1.97	- 2.4	- 3.2
25	Luft- und Raumfahrzeuge	17.0	+ 0.6	+ 0.3	- 1.0
26	Elektrotechnische Erzeugnisse	306.4	- 1.0	- 0.8	- 1.9
27	Feinmechanik/Optik/Uhren	37.8	- 8.0	- 9.2	- 9.9

Fortsetzung Tabelle 26

	Produktionsbereich	BaU-Prognose in Mrd. DM	CO_2-Steuer	Klimasteuer	Versauerungssteuer
28	Eisen-, Blech-, Metallwaren	84.8	- 3.1	- 3.2	- 3.9
29	Musikinstr./Sportgeräte	15.4	- 5.5	- 6.2	- 7.4
30	Holz	16.8	- 5.3	- 5.9	- 7.7
31	Holzwaren	50.7	- 4.8	- 3.4	- 10.8
32	Zellstoff, Papier, Pappe	42.5	- 10.4	- 12.0	- 8.9
33	Papier- und Pappewaren	41.2	- 6.4	- 7.8	- 6.8
34	Druckerei/Vervielfältigung	51.1	- 1.8	- 1.3	- 2.6
35	Leder, Lederwaren, Schuhe	7.5	+ 1.3	+ 0.9	+ 2.0
36	Textilien	43.5	+ 0.4	- 0.1	- 0.3
37	Bekleidung	25.2	- 2.6	- 3.0	- 4.7
38	Nahrungsmittel (ohne Getr.)	216.4	- 4.8	- 4.5	- 8.9
39	Getränke	37.1	- 5.2	- 4.6	- 9.2
40	Tabakwaren	18.2	- 1.3	- 2.4	- 1.4
41	Hoch- und Tiefbauleistungen	140.7	- 3.2	- 3.1	- 4.9
42	Ausbauleistungen	90.2	- 1.1	- 1.1	- 2.2
43	Großhandel, Rückgewinnung	238.3	- 3.7	- 3.1	- 5.0
44	Einzelhandel	164.9	- 6.9	- 5.8	- 8.3
45	Eisenbahnen	20.1	- 0.9	- 1.0	+ 3.7
46	Schiffahrt/Wasserstr./Häfen	14.8	- 0.8	- 0.7	- 1.9
47	Postdienst/Fernmeldewesen	98.9	- 1.6	- 1.0	- 3.8
48	Dienstl. des sonst. Verkehrs	205.5	- 3.1	- 2.5	- 13.8
49	Dienstl. der Kreditinstitute	224.8	- 6.2	- 6.0	- 10.3
50	Dienstl. der Versicherungen	98.9	- 4.5	- 3.3	- 8.9
51	Gebäude-/Wohnungsverm.	364.8	- 1.5	- 1.4	- 2.6
52	Gastgewerbe und Heime	92.5	- 3.1	- 2.6	- 6.1
53	Wissenschaft/Kultur/Verlage	94.0	- 1.0	- 0.3	- 2.4
54	Gesundheits-/Veterinärwesen	77.9	- 2.3	- 3.1	- 2.4
55	Sonstige marktbest. Dienstl.	570.8	+ 1.6	+ 3.5	+ 0.5
56	Gebietskörperschaften	332.0	- 5.5	- 7.9	- 6.2
57	Sozialversicherung	132.5	- 6.7	- 8.7	- 7.5
58	Priv. Org., häusliche Dienste	91.3	+ 1.7	+ 2.7	+ 1.3
	Alle Produktionsbereiche	5858.6	- 4.3	- 5.0	- 6.0

Anders ist das Bild, wenn die Versauerungssteuer mit der CO_2-Steuer und der Klimasteuer verglichen wird. Während der Kohlenbergbau, die sehr schwefelarmen Gase und viele energieintensive Produktionsbereiche des Produzierenden Gewerbes deutlich geringer belastet werden, steigt der Druck auf die verkehrs- und damit NO_x-intensiven sowie einige schwefelintensive Produktionsbereiche wie die Herstellung von Glas. Insbesondere die Leistungen des sonstigen Verkehrs werden reduziert, während die Eisenbahnen aufgrund relativer Preisvorteile ihre Leistungen auch gegenüber der Basisprognose ausweiten können.

Um ein plastischeren Eindruck von den Simulationsergebnissen zu vermitteln, wird in Tabelle 27 die absolute Entwicklung der 58 Produktionsbereiche in den drei Steuersimulationen und in der BaU-Prognose gezeigt. Insgesamt gilt dabei, daß auf Grund der Steuerbelastung die Produktion in vielen Sektoren zwar weniger stark wächst, die Trends der Basisprognose aber weiterhin gelten.

Tabelle 27: Durchschnittliche Jahreswachstumsraten der Bruttoproduktionswerte in Preisen von 1985 zwischen 1996 und 2005 in vH, Westdeutschland

	Produktionsbereich	BaU-Prognose	CO_2-Steuer	Klimasteuer	Versauerungssteuer
1	Landwirtschaft	+ 0.7	+ 0.5	+ 0.5	+ 0.6
2	Forstwirtschaft, Fischerei	+ 2.3	+ 2.5	+ 2.7	+ 2.2
3	Elektrizität/Warmwasser	+ 1.7	+ 0.9	+ 0.8	+ 0.9
4	Gas	+ 2.3	+ 0.7	+ 0.2	+ 2.2
5	Wasser	+ 1.5	+ 0.9	+ 0.9	+ 0.9
6	Kohlenbergbau	- 1.7	- 5.9	- 6.0	- 4.6
7	Erze, Salze, Torf	+ 4.6	+ 4.4	+ 4.2	+ 4.2
8	Erdöl, Erdgas	- 4.4	- 4.8	- 5.0	- 5.4
9	Chemie, Spalt- und Brutstoffe	+ 2.2	+ 1.2	- 0.3	+ 0.8
10	Mineralölerzeugnisse	- 0.2	- 4.4	- 4.9	- 6.8
11	Kunststofferzeugnisse	+ 4.3	+ 4.0	+ 3.9	+ 3.9
12	Gummierzeugnisse	+ 2.7	+ 2.8	+ 2.8	+ 2.9
13	Steine und Erden, Baustoffe	+ 0.0	- 0.5	- 0.6	- 0.6
14	Feinkeramik	+ 1.1	+ 0.7	+ 0.7	+ 0.6
15	Glas und Glaswaren	+ 2.9	+ 1.7	+ 1.7	- 0.6
16	Eisen und Stahl	+ 0.1	- 1.8	- 1.9	- 1.4
17	NE-Metalle/-Metallhalbzeug	+ 2.9	+ 1.7	+ 1.5	+ 2.2

Fortsetzung Tabelle 27

	Produktionsbereich	BaU-Prognose	CO_2-Steuer	Klimasteuer	Versauerungssteuer
18	Giessereierzeugnisse	+ 2.0	+ 1.7	+ 1.8	+ 1.8
19	Ziehereien, Kaltwalzwerke	+ 1.4	+ 0.2	+ 0.1	+ 0.6
20	Stahlbau/Schienenfahrzeuge	+ 1.4	+ 0.7	+ 0.8	+ 0.7
21	Maschinenbauerzeugnisse	+ 1.4	+ 1.2	+ 1.2	+ 1.2
22	Büromaschinen, EDV	+ 4.5	+ 4.6	+ 4.6	+ 4.5
23	Straßenfahrzeuge	+ 4.0	+ 3.9	+ 4.0	+ 4.1
24	Wasserfahrzeuge	+ 1.6	+ 1.3	+ 1.3	+ 1.2
25	Luft- und Raumfahrzeuge	+ 1.7	+ 1.7	+ 1.7	+ 1.6
26	Elektrotechnische Erzeugnisse	+ 4.6	+ 4.5	+ 4.5	+ 4.4
27	Feinmechanik/Optik/Uhren	+ 2.6	+ 1.6	+ 1.5	+ 1.4
28	Eisen-, Blech-, Metallwaren	+ 3.4	+ 2.9	+ 2.9	+ 2.8
29	Musikinstr./Sportgeräte	+ 3.0	+ 2.2	+ 2.2	+ 2.0
30	Holz	+ 4.2	+ 3.5	+ 3.4	+ 3.1
31	Holzwaren	+ 2.7	+ 2.1	+ 2.3	+ 1.4
32	Zellstoff, Papier, Pappe	+ 6.5	+ 4.8	+ 4.5	+ 5.0
33	Papier- und Pappewaren	+ 3.1	+ 2.2	+ 2.0	+ 2.2
34	Druckerei/Vervielfältigung	+ 2.3	+ 2.1	+ 2.2	+ 2.0
35	Leder, Lederwaren, Schuhe	- 0.4	- 0.3	- 0.3	- 0.2
36	Textilien	+ 3.3	+ 3.4	+ 3.3	+ 3.3
37	Bekleidung	+ 0.5	+ 0.2	+ 0.2	+ 0.0
38	Nahrungsmittel (ohne Getr.)	+ 1.3	+ 0.8	+ 0.8	+ 0.3
39	Getränke	+ 2.0	+ 1.4	+ 1.5	+ 0.9
40	Tabakwaren	- 0.1	- 0.2	- 0.3	- 0.2
41	Hoch- und Tiefbauleistungen	- 0.7	- 1.0	- 1.0	- 1.1
42	Ausbauleistungen	+ 0.3	+ 0.2	+ 0.2	+ 0.0
43	Großhandel, Rückgewinnung	+ 2.6	+ 2.1	+ 2.2	+ 2.0
44	Einzelhandel	+ 1.7	+ 0.9	+ 1.0	+ 0.7
45	Eisenbahnen	+ 2.1	+ 2.0	+ 2.0	+ 2.5
46	Schiffahrt/Wasserstr./Häfen	+ 0.6	+ 0.5	+ 0.5	+ 0.4
47	Postdienst/Fernmeldewesen	+ 3.4	+ 3.2	+ 3.3	+ 2.9
48	Dienstl. des sonst. Verkehrs	+ 5.3	+ 4.8	+ 4.9	+ 3.2
49	Dienstl. der Kreditinstitute	+ 3.8	+ 3.0	+ 3.0	+ 2.4
50	Dienstl. der Versicherungen	+ 4.7	+ 4.0	+ 4.2	+ 3.4
51	Gebäude-/Wohnungsverm.	+ 2.1	+ 2.0	+ 2.0	+ 1.8
52	Gastgewerbe und Heime	+ 2.7	+ 2.3	+ 2.4	+ 2.0
53	Wissenschaft/Kultur/Verlage	+ 4.5	+ 4.3	+ 4.4	+ 4.1
54	Gesundheits-/Veterinärwesen	+ 0.8	+ 0.6	+ 0.5	+ 0.6
55	Sonstige marktbest. Dienstl.	+ 4.5	+ 4.7	+ 5.0	+ 4.6
56	Gebietskörperschaften	- 0.1	- 0.7	- 0.9	- 0.7
57	Sozialversicherung	- 0.1	- 0.7	- 0.9	- 0.8
58	Priv. Org., häusliche Dienste	+ 1.5	+ 1.7	+ 1.8	+ 1.7
	Alle Produktionsbereiche	+ 2.3	+ 1.7	+ 1.7	+ 1.5

Lediglich in einem Teil der Energiesektoren sowie im Bauhauptgewerbe, das auch in der BaU-Prognose sein Produktionsniveau nicht halten kann, in der Eisen- und Stahlindustrie, der Leder- und der Tabakindustrie und szenariobedingt beim Staat liegt die Produktion im Jahr 2005 in konstanten Preisen niedriger als in 1996. Dagegen können die meisten energieintensiven Bereiche des Produzierenden Gewerbes und die verkehrsintensiven Dienstleistungsbereiche ihre Produktion trotz der Besteuerung weiterhin steigern.

Insgesamt positiver, aber in der Struktur ähnlich wie bei der Produktion ist das Bild bei der Beschäftigungsentwicklung nach Arbeitsstunden, wie in der folgenden Tabelle 28 dargestellt:

Tabelle 28: Durchschnittliche Jahreswachstumsraten der Arbeitsstunden zwischen 1996 und 2005 in vH, Westdeutschland

	Produktionsbereich	BaU-Prognose	CO_2-Steuer	Klimasteuer	Versauerungssteuer
1	Landwirtschaft	- 1.2	- 0.4	- 0.2	- 0.2
2	Forstwirtschaft, Fischerei	+ 0.1	+ 0.1	+ 0.2	+ 0.1
3	Elektrizität/Warmwasser	+ 0.4	+ 0.5	+ 0.5	+ 0.5
4	Gas	+ 0.4	- 0.1	- 0.5	+ 0.7
5	Wasser	- 0.8	+ 0.8	+ 1.2	+ 0.0
6	Kohlenbergbau	- 1.8	- 4.1	- 3.8	- 3.1
7	Erze, Salze, Torf	- 0.5	- 0.1	+ 0.1	+ 0.7
8	Erdöl, Erdgas	+ 0.0	+ 0.0	+ 0.0	+ 0.0
9	Chemie, Spalt- und Brutstoffe	- 0.5	- 1.5	- 2.7	- 2.0
10	Mineralölerzeugnisse	- 5.4	- 7.2	- 7.5	- 8.6
11	Kunststofferzeugnisse	+ 1.3	+ 1.0	+ 1.0	+ 1.0
12	Gummierzeugnisse	- 0.3	- 0.3	- 0.3	- 0.3
13	Steine und Erden, Baustoffe	- 2.0	- 2.3	- 2.4	- 2.4
14	Feinkeramik	- 0.8	- 1.3	- 1.2	- 1.4
15	Glas und Glaswaren	- 0.7	- 1.7	- 1.8	- 4.0
16	Eisen und Stahl	- 2.1	- 3.6	- 3.7	- 3.1
17	NE-Metalle/-Metallhalbzeug	- 0.5	- 0.8	- 0.9	- 0.7
18	Giessereierzeugnisse	- 0.6	- 0.5	- 0.4	- 0.5

Fortsetzung Tabelle 28

	Produktionsbereich	BaU-Prognose	CO_2-Steuer	Klimasteuer	Versauerungssteuer
19	Ziehereien, Kaltwalzwerke	+ 0.6	+ 1.4	+ 1.8	+ 1.7
20	Stahlbau/Schienenfahrzeuge	- 0.5	+ 0.7	+ 1.2	+ 0.8
21	Maschinenbauerzeugnisse	- 0.2	- 0.3	- 0.3	- 0.3
22	Büromaschinen, EDV	+ 2.0	+ 2.4	+ 2.7	+ 2.5
23	Straßenfahrzeuge	+ 0.2	+ 0.1	+ 0.2	+ 0.2
24	Wasserfahrzeuge	- 2.9	+ 0.6	+ 2.0	+ 0.8
25	Luft- und Raumfahrzeuge	+ 0.6	+ 0.6	+ 0.6	+ 0.5
26	Elektrotechnische Erzeugnisse	+ 1.2	+ 1.4	+ 1.5	+ 1.4
27	Feinmechanik/Optik/Uhren	+ 1.2	+ 2.0	+ 2.4	+ 2.0
28	Eisen-, Blech-, Metallwaren	+ 1.3	+ 0.8	+ 0.8	+ 0.7
29	Musikinstr./Sportgeräte	+ 2.5	+ 3.8	+ 4.4	+ 3.6
30	Holz	- 0.9	- 0.9	- 0.8	- 1.0
31	Holzwaren	+ 1.6	+ 2.6	+ 3.2	+ 2.7
32	Zellstoff, Papier, Pappe	+ 0.0	- 0.4	- 0.5	- 0.4
33	Papier- und Pappewaren	+ 2.3	+ 2.9	+ 3.2	+ 3.0
34	Druckerei/Vervielfältigung	+ 2.5	+ 2.8	+ 3.1	+ 2.7
35	Leder, Lederwaren, Schuhe	- 0.4	- 0.0	- 0.0	+ 0.2
36	Textilien	+ 2.3	+ 3.1	+ 3.6	+ 3.3
37	Bekleidung	- 3.6	+ 1.2	+ 3.4	+ 1.2
38	Nahrungsmittel (ohne Getr.)	+ 1.1	+ 1.4	+ 1.7	+ 1.2
39	Getränke	+ 0.7	+ 2.0	+ 2.3	+ 2.5
40	Tabakwaren	- 3.3	- 1.4	- 1.0	- 1.3
41	Hoch- und Tiefbauleistungen	- 0.3	+ 1.3	+ 1.7	+ 1.7
42	Ausbauleistungen	- 0.5	+ 1.1	+ 1.6	+ 1.4
43	Großhandel, Rückgewinnung	+ 1.3	+ 1.7	+ 1.8	+ 1.7
44	Einzelhandel	+ 0.9	+ 1.8	+ 2.1	+ 1.9
45	Eisenbahnen	- 5.0	- 3.7	- 3.4	- 3.4
46	Schiffahrt/Wasserstr./Häfen	- 0.4	- 0.5	- 0.5	- 0.6
47	Postdienst/Fernmeldewesen	- 1.3	- 1.5	- 1.7	- 1.3
48	Dienstl. des sonst. Verkehrs	+ 1.5	+ 1.2	+ 1.2	- 0.1
49	Dienstl. der Kreditinstitute	+ 2.2	+ 2.0	+ 2.2	+ 1.7
50	Dienstl. der Versicherungen	+ 2.6	+ 3.9	+ 4.6	+ 3.7
51	Gebäude-/Wohnungsverm.	+ 0.0	+ 0.0	+ 0.0	+ 0.0
52	Gastgewerbe und Heime	+ 2.7	+ 2.4	+ 2.5	+ 2.2
53	Wissenschaft/Kultur/Verlage	- 0.0	+ 0.0	+ 0.1	+ 0.0
54	Gesundheits-/Veterinärwesen	+ 0.8	+ 0.5	+ 0.4	+ 0.5
55	Sonstige marktbest. Dienstl.	+ 0.5	+ 0.5	+ 0.6	+ 0.4
56	Gebietskörperschaften	- 1.0	- 1.0	- 1.0	- 1.0
57	Sozialversicherung	- 0.5	- 0.5	- 0.5	- 0.5
58	Priv. Org., häusliche Dienste	+ 1.0	+ 1.7	+ 2.0	+ 1.6
	Alle Produktionsbereiche	+ 0.3	+ 0.6	+ 0.7	+ 0.6

Starke prozentuale Beschäftigungseinbußen, die in absoluten Zahlen aber nur eine untergeordnete Rolle spielen, zeigen sich erwartungsgemäß im Kohlenbergbau, in der Mineralölindustrie und im Bereich Eisen und Stahl. Wegen der regionalen Konzentration stellen diese Beschäftigungseinbußen mit Sicherheit ein Umsetzungsproblem für die Steuerkonzepte dar.

Während in den meisten anderen Produktionsbereichen die Auswirkungen auf die Beschäftigung gering bleiben und dabei tendenziell positiv sind, sind auch einige bereits genannte Bereiche wie die Chemische Industrie im Fall der Klimasteuer oder die Glasindustrie nach Einführung der Versauerungssteuer stark negativ betroffen. Dagegen entsteht u.a. im Baubereich und im Handel bei allen drei Steuerkonzepten zusätzliche Beschäftigung, die auch mengenmäßig von großer Bedeutung ist. Beim Staat ändert sich die Beschäftigung szenariobedingt nicht.

Bei der Variation der Klimasteuersätze - das Verhältnis der Besteuerung der einzelnen Schadstoffe untereinander bleibt in allen Simulationen über den gesamten Zeitraum konstant - zeigt sich in Abbildung 8 sowie Tabelle 29 (Seite 108) das schon von der reinen CO_2-Steuer bekannte Bild ansteigender makroökonomischer Grenzvermeidungskosten. Bei niedrigen Steuersätzen ist eine Reduktion der Emissionen der verschiedenen Schadstoffe einfacher möglich als bei höheren. Die Entwicklung in Klimaäquivalenten (CEQ) verläuft weitgehend proportional zum Rückgang der CO_2-Emissionen. Der Rückgang des Bruttoinlandsprodukts, der Preis- und der Beschäftigungseffekt hängen dagegen in erster Linie von der Höhe des Steueraufkommens und damit letztlich von der Höhe der Steuersätze ab.

Abbildung 8: Die Wirkungen alternativer Sätze einer Klimasteuer auf CO_2-Emissionen, Bruttoinlandsprodukt, Beschäftigung und Preisniveau - Abweichungen zur Basisprognose im Jahr 2005 in vH, Westdeutschland

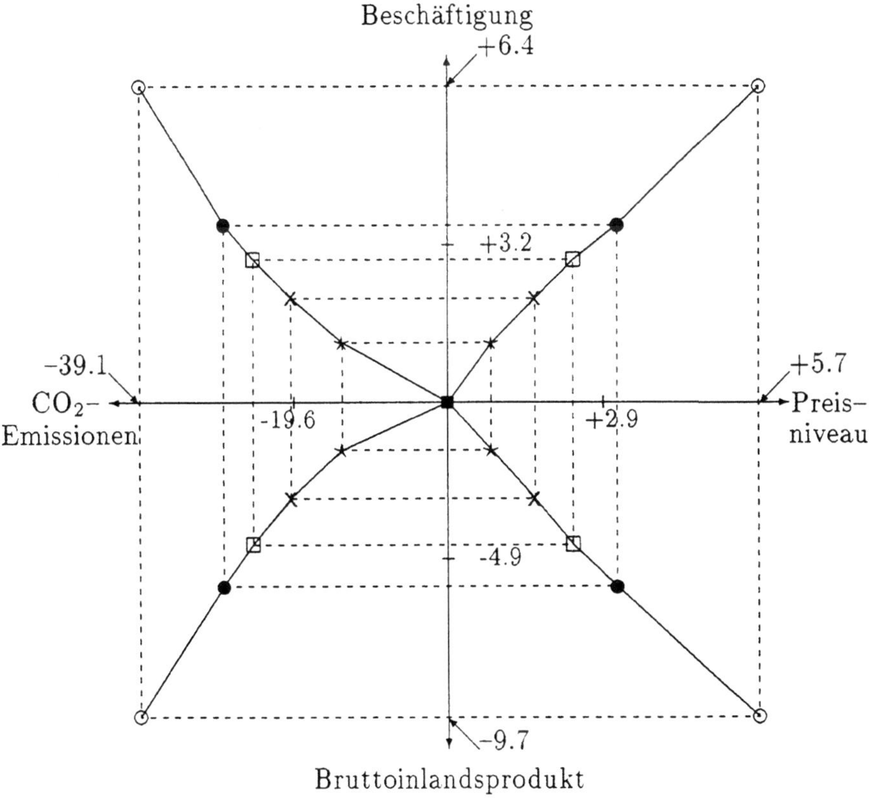

⋆ : Steuersatz im Jahr 2005: 100 DM pro t CO_2–Äquivalent
× : Steuersatz im Jahr 2005: 200 DM pro t CO_2–Äquivalent
□ : Steuersatz im Jahr 2005: 300 DM pro t CO_2–Äquivalent
• : Steuersatz im Jahr 2005: 400 DM pro t CO_2–Äquivalent
○ : Steuersatz im Jahr 2005: 800 DM pro t CO_2–Äquivalent

Tabelle 29: Die Wirkungen alternativer Sätze einer Klimasteuer - Abweichungen gegenüber der BaU-Prognose im Jahr 2005 in vH, Westdeutschland

Steuersatz in DM/t CO_2-Äquivalente	100	200	300	400	800
Steueraufkommen in Mrd. DM	77	142	202	257	445
CO_2	- 13.4	- 19.9	- 24.7	- 28.5	- 39.1
Klimaäquivalente (CEQ)	- 12.4	- 18.4	- 22.9	- 26.5	- 36.3
Bruttoinlandsprodukt	- 1.5	- 3.0	- 4.4	- 5.7	- 9.7
Preise	+ 0.8	+ 1.6	+ 2.3	+ 3.1	+ 5.7
Beschäftigung	+ 1.2	+ 2.1	+ 2.9	+ 3.6	+ 6.4

Für die Versauerungssteuer ergibt sich eine ähnliche Entwicklung der Emissionen wie bei der Klimasteuer, wie in Tabelle 30 und Abbildung 9 dargestellt. Allerdings fallen die Beschäftigungseffekte im Niveau deutlich schwächer aus als bei der reinen CO_2-Steuer und der Klimasteuer. Außerdem ergibt sich bei der Versauerungssteuer durch eine sukzessive Erhöhung des Steuersatzes nur noch eine geringfügige Steigerung des Beschäftigungsstandes.

Tabelle 30: Die Wirkungen alternativer Sätze einer Versauerungssteuer - Abweichungen gegenüber der BaU-Prognose im Jahr 2005 in vH, Westdeutschland

Steuersatz in DM/kg Säureäquivalente	30	60	90	120	150
Steueraufkommen (Mrd. DM)	51	94	132	167	200
NO_x	- 10.8	- 17.0	- 21.8	- 26.0	- 29.5
SO_2	- 24.7	- 32.4	- 37.8	- 42.0	- 45.4
Säureäquivalente (AEQ)	- 14.5	- 21.1	- 26.1	- 30.3	- 33.8
Bruttoinlandsprodukt	- 1.4	- 2.7	- 4.0	- 5.3	- 6.5
Preise	+ 1.0	+ 1.8	+ 2.6	+ 3.3	+ 4.0
Beschäftigung	+ 0.7	+ 1.3	+ 1.6	+ 1.9	+ 2.0

Abbildung 9: Die Wirkungen alternativer Sätze einer Versauerungssteuer auf Säureäquivalente (AEQ), Bruttoinlandsprodukt, Beschäftigung und Preisniveau - Abweichungen zur Basisprognose im Jahr 2005 in vH, Westdeutschland

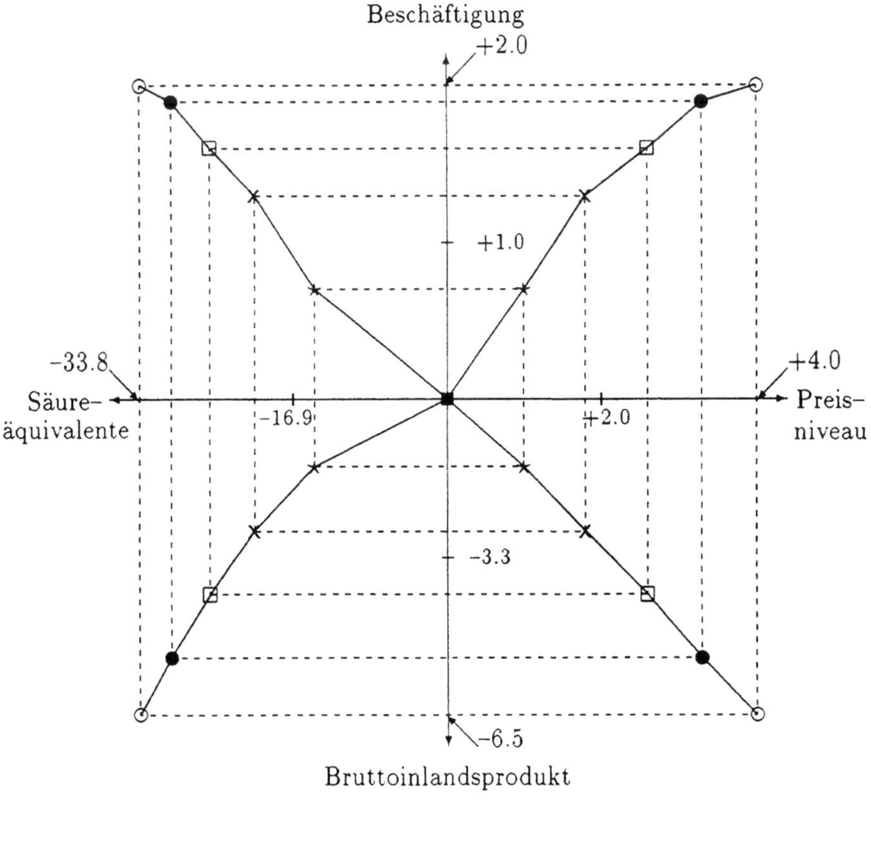

⋆	:	Steuersatz im Jahr 2005: 30 DM pro kg Säureäquivalent
×	:	Steuersatz im Jahr 2005: 60 DM pro kg Säureäquivalent
□	:	Steuersatz im Jahr 2005: 90 DM pro kg Säureäquivalent
•	:	Steuersatz im Jahr 2005: 120 DM pro kg Säureäquivalent
○	:	Steuersatz im Jahr 2005: 150 DM pro kg Säureäquivalent

6 Stickoxidemissionen bei alternativen Vermeidungstechnologien

Wie bereits in den vorangegangenen Kapiteln ausgeführt, sind Stickoxide (NO und NO_2, die hier wie allgemein üblich mit NO_x bezeichnet werden) an der Versauerung von Luft, Boden und Gewässern, der Entstehung von Photosmog und indirekt auch am Treibhauseffekt beteiligt. Zur Verminderung der fast ausschließlich energiebedingten Emissionen stehen Emissionsminderungstechnologien bereit, die zusammen mit einer Senkung des Energieeinsatzes zur Verringerung der NO_x-Emissionen beitragen können.

Detaillierte Abschätzungen der Kosten dieser technischen Maßnahmen liegen für das Jahr 1990 vor (Statistisches Bundesamt/Statistics Netherlands 1996) und werden bei den in diesem Kapitel beschriebenen Simulationsrechnungen zur Abschätzung der strukturellen und gesamtwirtschaftlichen Wirkungen einer Besteuerung von Stickoxidemissionen mit dem Modell PANTA RHEI verwendet.

6.1 Best Available Technologies

Neben der aktuellen Verbrennungs- und Emissionsminderungstechnik sind für den Einsatz der verschiedenen Energieträger in den verschiedenen Sektoren bzw. für die emissionsverursachenden nichtenergiebedingten Prozesse alternative Techniken verfügbar, die zu geringeren Emissionen führen. Aus der o.g. Studie sind die jeweils besten verfügbaren Techniken, die im weiteren als BAT (best available technologies) bezeichnet werden, ausgewählt worden. Tabelle 31 stellt Informationen über die Einsparpotentiale und die Kosten der jeweils besten Techniken zusammen.

Zunächst werden in Spalte 3 die möglichen Rückgänge der Emissionen - pro Energieeinheit bzw. pro Einheit Bruttoproduktion - bei Einsatz dieser Techniken gezeigt. Zu ihrer Umsetzung sind Investitionen notwendig, die in Spalte 4 in Tsd. DM je vermiedener Tonne NO_x angegeben sind. Außerdem entstehen teilweise erhöhte laufende Aufwendungen bei der Nutzung der BAT-Technologien (Spalte 5). Beispielsweise besagt die zweite Zeile der Tabelle, daß für den Einsatz des Energieträgers Steinkohle bei der Stromerzeugung ein Einsparpotential von 1.5 vH der Emissionen durch technische Maßnahmen angesetzt wird. Die Umsetzung dieser Maßnahmen erfordert Investitionen in Höhe von 830 Tsd. DM pro vermiedener Tonne NO_x, und es fallen zusätzliche betriebliche Aufwendungen in Höhe von jährlich 108 Tsd. DM je vermiedener Tonne NO_x an.

Große technische Minderungsmöglichkeiten bestehen im Straßenverkehr und beim Einsatz von Braunkohle und schwerem Heizöl in Kraftwerken. Auch bei der Erzeugung von Eisen und Stahl sowie von Salpetersäure sind die Minderungspotentiale beachtlich. Daneben bieten nur noch die Einsätze von leichtem Heizöl und verteilten Gasen im Kleinverbrauch und bei den privaten Haushalten technische Potentiale zur Emissionsminderung von über 10 vH.

Auch die Kosten der technischen Einsparpotentiale weisen große Unterschiede auf. Während beim Einsatz von schwerem Heizöl in einigen Sektoren die Umsetzung ohne Kosten zu realisieren ist, sind

Tabelle 31: Wirkungen und Kosten der BAT-Technologien 1990, Westdeutschland

Produktions-bereich (PB)/ private Haushalte	Energieträger	Erreichbare Verringe-rung der Emissions-faktoren in vH	Notwendi-ge Investi-tionen in Tsd. DM je t NO_x	Zusätzliche laufende Aufwen-dungen in Tsd. DM je t NO_x
Elektrizität/	Steinkohle	1.5	830	108
Dampf/	Braunkohle	77.2	47	5
Warmwasser	Heizöl, schwer	32.8	852	154
	sonst. feste Brennst.	0.8	286	57
Kleinverbrauch*,	Heizöl, leicht	28.6	371	0
priv. Haushalte	verteilte Gase	26.2	343	0
Gas, Kohle	Steinkohle	8.5	4	0
Kohlenbergbau	Braunkohle	8.0	4	0
Kohlenbergbau,	Heizöl, schwer	4.0	47	8
Chemie,	Heizöl, leicht	5.5	125	23
Mineralölerz.	verteilte Gase	4.0	592	107
alle	Motorenbenzin	55.5	118	0
	Dieselkraftstoff	55.5	39	0
	Flugkraftstoffe	20.6	5	0
PB 13, 15, 38, 39, 46, 56	Heizöl, schwer	15.0	0	0
	Prozesse			
Steine/Erden	Zement	3.4	13	2
Glas	Glas	45.7	97	16
Eisen und Stahl	Eisen und Stahl	80.0	1481	237
Chemie	Salpetersäure	80.0	905	103

* Aufgrund der unterschiedlichen Sektorgliederung ist eine Berücksichtigung des Kleinverbrauchs in den 58 Produktionsbereichen grundsätzlich nicht einfach. Hier werden die Produktionsbereiche 1 und 2 sowie 41 bis 58 komplett dem Kleinverbrauch zugerechnet, für die anderen Produktionsbereiche werden anhand einer Anteilsmatrix für jeden Energieträger feste spezifische Anteile zum Kleinverbrauch gerechnet.

in anderen Bereichen Investitionen von über 1 Mio. DM für die Vermeidung einer Tonne NO_x aufzubringen. Vor allem bei Kraftwerken steigern zusätzliche betriebliche Aufwendungen die Kosten in beträchtlichem Umfang.

6.2 Alternative Investitionshypothesen

Die starken Kostenunterschiede in Tabelle 31 sind ein wichtiges Argument gegen den Einsatz einheitlicher Auflagen zur Senkung der Emissionen. Marktwirtschaftliche Instrumente wie emissionsabhängige Steuern sind zur Emissionsminderung besser geeignet, weil ein permanenter Anreiz zur Durchführung von Emissionsminderungsmaßnahmen besteht. Im weiteren werden drei mit dem Modell PANTA RHEI durchgerechnete NO_x-Steuersimulationen für *Westdeutschland* dargestellt, die in Hinblick auf diese Entscheidungssituation - Steuern zahlen versus Umsetzung der BAT-Technik - unterschiedliche Annahmen treffen:

1. In der ersten Simulationrechnung erfolgt keine Berücksichtigung der BAT-Techniken: Jede Emissionseinheit wird mit dem Steuersatz belastet. Die Emissionsfaktoren entwickeln sich den Trendschätzungen aus Abschnitt 5.1 entsprechend.

2. Es wird ein kurzsichtiges (myopisches) Investitionskalkül (Kalkül K) der Wirtschaftssubjekte unterstellt: Eine Investition in die BAT-Technik wird dann durchgeführt, wenn der Steuersatz (pro Tonne NO_x) erstmals höher ist als die Investitionen plus die zusätzlichen betrieblichen Aufwendungen pro vermiedener Tonne NO_x. Der Emissionsfaktor des jeweiligen Energieträgers oder Prozesses geht in diesem Fall auf den Stand der BAT-Technik

zurück. Im gleichen Jahr werden die Investitionen entsprechend Tabelle 31 gemäß dem vermiedenen Emissionsvolumen und gegebenenfalls in den Folgejahren die zusätzlichen Betriebsaufwendungen im jeweiligen Sektor ausgelöst. Ist die BAT-Technik umgesetzt, müssen keine Steuern mehr bezahlt werden. Somit handelt es sich um eine vom Stand der Reinigungstechnik abhängige Steuer, die in ihrer Ausgestaltung Ähnlichkeiten mit der derzeitigen Kfz-Steuer aufweist.

3. In der dritten Simulationsrechnung wird ein langfristiges Investitionskalkül (Kalkül L) angenommen: In diesem Fall vergleichen die Wirtschaftssubjekte in jedem Jahr t_0 den abdiskontierten Strom der Kosten *KO* für eine BAT-Technik pro vermiedener Tonne NO_x mit dem abgezinsten Strom der Steuerzahlungen *ST* pro Tonne NO_x für die nächsten 10 Jahre. Dabei gehen die Investoren davon aus, daß die für einen Zeitraum von 10 Jahren angekündigte Entwicklung der Steuersätze auch tatsächlich eintreten wird. Wie im Fall der Investitionshypothese K muß nach Einbau der BAT-Technik keine Steuer mehr gezahlt werden.

Im ersten Jahr, in dem die Kosten *KO* für die Umsetzung der BAT-Technik kleiner sind als die abdiskontierte Summe *ST* der erwarteten Steuerzahlungen τ, wird die Technik für den jeweiligen Energieträger bzw. Prozeß im gesamten Sektor voll umgesetzt. Als Zinssatz wird für den gesamten Planungszeitraum die Umlaufsrendite festverzinslicher Wertpapiere r im laufenden Jahr verwendet, die im Modell PANTA RHEI endogen ermittelt wird. Die zukünftigen Steuerzahlungen werden mit den vorab festgesetzten Steuersätzen für alle Jahre und den Emissionen des laufenden Jahres wie folgt berechnet:

$$ST(t_0) = ENO_{kj}(t_0) \cdot \sum_{m=0}^{9} \left(\frac{\tau(t_m)}{(1 + r(t_0))^m} \right). \tag{2}$$

Für die Jahre 2006 bis 2015 wird angenommen, daß die Steuersätze des Jahres 2005 konstant gehalten werden. Der Gegenwartswert der Kosten *KO* ergibt sich gemäß:

$$KO(t_0) = FBAT_{kj}(t_0) \cdot ENO_{kj}(t_0) \cdot \left(I_{kj}(t_0) + \sum_{m=0}^{9} \left(\frac{A}{\left(1 + r(t_0)\right)^m} \right) \right) \qquad (3)$$

In der Mehrzahl der Fälle entsprechen die Kosten den in Tabelle 31 angegebenen Investitionen im Jahr t_0. Die Investitionen ergeben sich dann gemäß den eingesparten Emissionen, wobei *FBAT* die Reduktionsfaktoren der BAT-Techniken aus Tabelle 31 (Spalte 3) darstellt, multipliziert mit den Investitionen *I* pro eingesparter Tonne NO_x (Spalte 4). In den angegebenen Fällen sind zusätzlich die laufenden Betriebsaufwendungen *A* für die Folgejahre mit zu berücksichtigen.

Die Steuersätze werden in allen drei Szenarien gleich, und zwar linear von 1996 bis zum Jahr 2005 erhöht. Die Emissionsfaktoren entwickeln sich zunächst in allen Fällen entsprechend den in Abschnitt 5.1 beschriebenen und eingesetzten Trendschätzungen bzw. linearen Vorgaben. Nach Umstellung auf die BAT-Technik bleiben die Emissionsfaktoren konstant. Im übrigen gelten sämtliche Annahmen der Basisprognose aus Abschnitt 3.2 und die Annahmen über die Umsetzung von Emissionssteuern, die in Abschnitt 4.1 dargestellt wurden, auch für diese drei Simulationsrechnungen.

Die energiebedingten Emissionen ergeben sich nach 29 Energieträgern *k* und 58 Produktionsbereichen ($j = 1, \dots, 58$) und den privaten Haushalten (j = 60) durch Multiplikation der emissionsrelevanten Energieverbräuche EE_{kj} mit den Emissionsfaktoren FNO_{kj}:

$$ENO_{kj}(t) = FNO_{kj}(t) \cdot EE_{kj}(t),$$

$$k = 1, \dots, 29 \text{ und } j = 1, \dots, 58, 60. \qquad (4)$$

Auch die mengenmäßig unbedeutenden materialbedingten Emissionen werden über Emissionskoeffizienten - Emissionen pro Einheit Bruttoproduktion - und die aktuelle Bruttoproduktion bestimmt.

6.3 Ergebnisse

Zunächst werden die Ergebnisse der zweiten und dritten Variante mit den unterstellten Investitionskalkülen K und L besonders auch in ihrer zeitlichen Entwicklung dargestellt. Anschließend werden die Ergebnisse aller drei Simulationsrechnungen verglichen.

6.3.1 Steuervariante mit Investitionskalkül K

Wird das kurzfristige Investitionskalkül K unterstellt, gehen nach Abbildung 10 die NO_x-Emissionen in Westdeutschland bei einem auf 50 TDM je Tonne NO_x im Jahr 2005 ansteigenden Steuersatz in den ersten Jahren kaum schneller zurück als in der BaU-Prognose.

Lediglich bei mengenmäßig weniger bedeutsamen Energieeinsätzen bzw. Prozessen wie Flugkraftstoffen oder der Herstellung von Zement werden die BAT-Techniken eingesetzt. Erst im Jahr 2003 lohnt sich die Umstellung aller Dieselfahrzeuge, die 39 TDM je Tonne NO_x kostet und den Schadstoffausstoß um etwa ein Fünftel reduziert. Für eine weitere deutliche Reduktion durch die Umstellung der benzingetriebenen Fahrzeuge auf die BAT-Technik wäre ein Steuersatz von deutlich über 100 TDM je Tonne NO_x notwendig.

Abbildung 10: Entwicklung der NO_x-Emissionen von 1990 bis 2005 in kt bei unterschiedlichen Investitionshypothesen und einem Steuersatz in 2005 von 50 TDM je Tonne NO_x, Westdeutschland

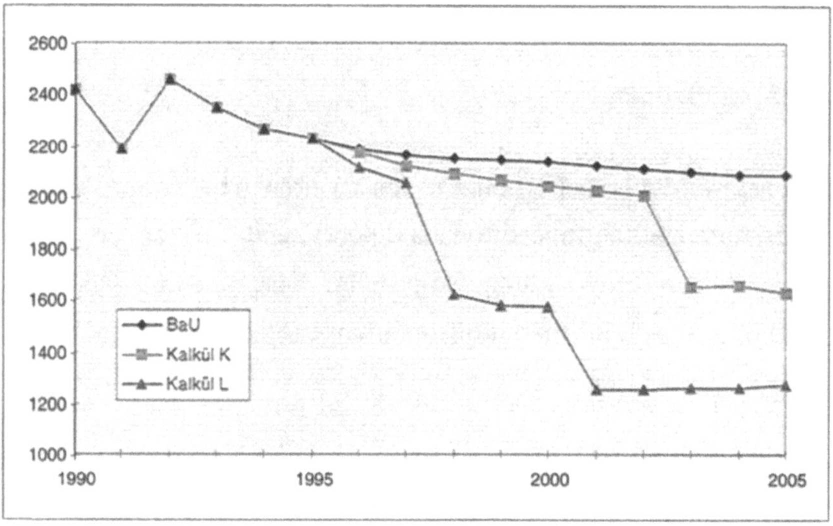

Neben dem Einsatz der BAT-Techniken führen durch die Verteuerung der Emissionen und damit der zugrundeliegenden Prozesse auch Änderungen in der Lieferstruktur, der Produktionstechnologie und der Produktionsmenge zu sinkenden Emissionen. Diese Substitutions- und Niveaueffekte, die in den Kapiteln 4 und 5 ausführlich dargestellt sind, wirken auch in den hier betrachteten Simulationen. Allerdings sind diese Effekte deutlich geringer als die mit den Vermeidungsinvestitionen direkt zusammenhängenden Senkungen des Schadstoffausstoßes.

Durch die Umstellung der Dieselfahrzeuge im Jahr 2003 auf die BAT-Technik werden einerseits in diesem Jahr zusätzliche Investitionen ausgelöst. Gleichzeitig fällt die Steuerzahlung weg. Aus diesem Grund verändern sich auch gesamtwirtschaftliche Aggregate, die von der Höhe des Steueraufkommens und der daran anknüpfenden Kompensation abhängen. Tabelle 32 macht deutlich, daß der Investitionseffekt vor allem im Jahr 2003 wirkt und in den Folgejahren weitgehend verpufft.

Tabelle 32: Abweichungen ausgewählter Größen bei kurzfristigem Investitionskalkül (Kalkül K) gegenüber der BaU-Prognose in vH, Westdeutschland

	1996	1997	1998	1999	2000
Steuersatz (TDM je Tonne NO_x)	1.00	6.44	11.89	17.33	22.78
Steueraufkommen (Mrd. DM)	2.18	13.33	24.33	34.94	45.36
Bruttoinlandsprodukt	- 0.0	- 0.2	- 0.2	- 0.5	- 0.9
Ausrüstungsinvestitionen	+ 0.1	+ 0.9	+ 0.9	+ 0.5	+ 0.1
Preisniveau	+ 0.1	+ 0.4	+ 0.6	+ 0.8	+ 0.9
Beschäftigung	+ 0.1	+ 0.5	+ 0.8	+ 1.0	+ 1.1

	2001	2002	2003	2004	2005
Steuersatz (TDM je Tonne NO_x)	28.22	33.67	39.11	44.55	50.00
Steueraufkommen (Mrd. DM)	55.56	65.63	46.02	51.71	54.98
Bruttoinlandsprodukt	- 1.2	- 1.5	- 1.0	- 1.5	- 1.3
Ausrüstungsinvestitionen	- 0.4	- 0.9	+ 3.0	- 2.5	- 1.0
Preisniveau	+ 1.1	+ 1.1	+ 0.3	+ 0.4	+ 0.5
Beschäftigung	+ 1.2	+ 1.3	+ 0.7	+ 0.5	+ 0.6

Dagegen führt das niedrigere Steueraufkommen, d.h. die geringere Entlastung der Lohnnebenkosten, in den beiden darauf folgenden Jahren in Westdeutschland zu geringeren Abweichungen des Bruttoinlandsprodukts, der Preise und der Beschäftigungsentwicklung von der Basisprognose. Die höheren Investitionen in den Jahren bis 2000 gehen kaum auf die Einführung von BAT-Techniken zurück, sondern ergeben sich wie bei den Steuersimulationen in den Kapiteln 4 und 5 bei niedrigen Steuersätzen aus einem Realzinseffekt, bevor bei höheren Steuersätzen der Mengeneffekt diesen Sekundäreffekt überkompensiert.

Ein Blick auf Tabelle 33 macht deutlich, daß sich bei dem unterstellten kurzsichtigen Investitionsverhalten der Wirtschaftssubjekte die Emissionen durch geringfügig höhere Steuersätze kaum weiter verringern lassen. Vermeidungsinvestitionen zur Umstellung auf die BAT-Technik in quantitativ wichtigen Bereichen werden erst bei Steuersätzen oberhalb von 118 TDM je Tonne NO_x bei benzinbetriebenen Kfz umgesetzt. Die Substitutions- und Niveaueffekte sind im Verhältnis dazu gering.

Tabelle 33: Ausgewählte Größen bei Investitionskalkül K und unterschiedlichen Steuersätzen im Jahr 2005, Westdeutschland

Steuersatz im Jahr 2005 (TDM je Tonne NO_x)	50	100	150
BIP (Änderung gegenüber der Basisprognose in vH)	- 1.3	- 1.4	- 2.8
NO_x-Emissionen	1627 kt	1535 kt	1267 kt
Steueraufkommen	55 Mrd. DM	101 Mrd. DM	66 Mrd. DM

Eine Verdopplung der Steuersätze auf 100 TDM je Tonne NO_x im Jahr 2005 führt nur zu einem Rückgang der NO_x-Emissionen um weitere 92 Tsd. Tonnen. Wird der Steuersatz im Endjahr auf 150 TDM je Tonne angehoben, beträgt die zusätzliche Emissionsminderung dagegen 267 Tsd. Tonnen, wobei das Steueraufkommen aufgrund der sinkenden Steuerbasis sogar niedriger liegt. Beim Vergleich des Bruttoinlandsprodukts bei den die drei unterschiedlichen Steuersätzen überrascht auf den ersten Blick der geringe Unterschied zwischen den Ergebnissen bei einem (End-) Steuersatz von 50 TDM je Tonne NO_x und denen bei 100 TDM. Im Falle der stärkeren Besteuerung werden BAT-Investitionen in der Glasherstellung induziert, die das Bruttoinlandsprodukt einmalig anheben.

6.3.2 Steuervariante mit Investitionskalkül L

Unter der Annahme, daß die Wirtschaftssubjekte ihre Investitionen in BAT-Techniken dann umsetzen, wenn die erwarteten, abdiskontierten Steuerzahlungen höher sind als die abdiskontierten Aufwendungen für die Umsetzung der BAT-Technik, verläuft die Entwicklung der Emissionen nach Abbildung 10 (Seite 118) bei gleichen Steuersätzen viel günstiger. Bereits 1998 werden sämtliche Dieselfahrzeuge umgerüstet. Im Jahr 2001 folgen die benzingetriebenen Kraftfahrzeuge, obwohl der Steuersatz bei 28 TDM/t NO_x liegt, und die notwendigen Investitionen 118 TDM je Tonne NO_x ausmachen.

Nach dem Jahr 2001 verändern sich die Emissionen kaum, weil die meisten Emissionen dem Szenario entsprechend nicht mehr besteuert werden. Zwar wird in 2005 auch beim Einsatz von Gasen im Kleinverbrauch und in den privaten Haushalten die BAT-Technik installiert. Mengenmäßig spielen diese Emissionen aber schon heute eine untergeordnete Rolle, so daß der dadurch ausgelöste Emissionsrückgang in Abbildung 10 kaum auffällt.

Die gesamtwirtschaftlichen Größen ändern sich bei dieser Investitionshypothese gegenüber der Basisprognose kaum, wie in Tabelle 34 dargestellt. Da in den Bereichen mit großen Emissionsmengen, in erster Linie im Straßenverkehr, die BAT-Techniken in den Jahren 1998 und 2001 eingebaut werden, und diese Bereiche anschließend von der Steuerzahlung befreit sind, schrumpft die Steuerbasis dem Szenario gemäß stark. Trotz des steigenden Steuersatzes bleibt das Steueraufkommen bis 2005 deshalb weitgehend unverändert.

Tabelle 34: Abweichungen ausgewählter Größen bei Investitionskalkül L gegenüber der BaU-Prognose in vH, Westdeutschland

	1996	1997	1998	1999	2000
Steuersatz (TDM je Tonne NO_x)	1.00	6.44	11.89	17.33	22.78
Steueraufkommen (Mrd. DM)	2.12	12.85	14.11	19.19	24.95
Bruttoinlandsprodukt	+ 0.1	- 0.0	+ 0.2	- 0.1	- 0.3
Ausrüstungsinvestitionen	+ 0.1	+ 0.8	+ 4.5	+ 1.1	+ 0.8
Preisniveau	+ 0.1	+ 0.4	+ 0.1	+ 0.1	+ 0.2
Beschäftigung	+ 0.1	+ 0.5	+ 0.6	+ 0.5	+ 0.6

	2001	2002	2003	2004	2005
Steuersatz (TDM je Tonne NO_x)	28.22	33.67	39.11	44.55	50.00
Steueraufkommen (Mrd. DM)	13.56	15.76	18.08	20.49	16.54
Bruttoinlandsprodukt	- 0.4	- 0.6	- 0.7	- 0.6	- 0.5
Ausrüstungsinvestitionen	+ 1.3	- 0.1	+ 0.1	+ 0.1	+ 0.6
Preisniveau	+ 0.0	+ 0.2	+ 0.3	+ 0.3	+ 0.2
Beschäftigung	+ 0.3	+ 0.2	+ 0.3	+ 0.3	+ 0.2

Die Ausrüstungsinvestitionen liegen insbesondere in den Jahren 1998 und 2001 über dem Niveau der BaU-Prognose. In den ersten Jahren zeigen sich auch wieder die oben beschriebenen Realzinseffekte auf die Investitionen. Die Güterpreise, die durch zusätzliche Investitionen und damit zurückgehendes Steueraufkommen tendenziell sinken, weichen nur unwesentlich von denen der BaU-Prognose ab. Die zunächst positiven Beschäftigungseffekte gehen im Zeitverlauf zurück, weil weder neue Einsparinvestitionen getätigt noch steigende Steuereinnahmen erzielt werden, die die Arbeitsnachfrage über sinkende Lohnnebenkosten tendenziell anheben würden.

Bei einer Variation der Steuersätze zeigt sich, daß sogar deutlich niedrigere Sätze ausreichen, die Umsetzung der BAT-Techniken im Verkehrsbereich auszulösen. Liegt der Steuersatz in 2005 bei 25 Tsd. DM je Tonne NO_x, wird die beste Technik bei Benzinfahrzeugen ab dem Jahr 2004 eingesetzt, bei einem Steuersatz von 20 TDM je Tonne im Jahr 2005. Das Steueraufkommen beträgt bei diesen beiden Simulationsrechnungen in 2005 nur 12 bzw. 10 Mrd. DM. Entsprechend gering sind dabei die Abweichungen der makroökonomischen Aggregate von der Basisprognose, und zwar über den gesamten Simulationszeitraum hinweg.

6.3.3 Ergebnisvergleich

Die Simulationsergebnisse der drei in Abschnitt 6.2 beschriebenen Investitionshypothesen unterscheiden sich bei gleicher Entwicklung der Steuersätze erheblich. Ohne Berücksichtigung der BAT-Techniken gehen die Emissionen bis zum Jahr 2005 trotz eines Steueraufkommens von 87 Mrd. DM nur auf 1737 Tsd. Tonnen zurück, wie Tabelle 35 ausweist. Das sind 16.6 vH weniger als in der BaU-Prognose. Das Bruttoinlandsprodukt Westdeutschlands liegt um 2.4 vH niedriger, gleichzeitig liegt die Beschäftigung wegen der Senkung der Lohnnebenkosten gesamtwirtschaftlich um 1.2 vH höher.

Tabelle 35: Ausgewählte Größen bei unterschiedlichen Investitionshypothesen mit gleichen Steuersätzen, Westdeutschland

Entscheidungskalkül	ohne BAT	Kalkül K	Kalkül L
BIP (Änderung gegenüber der BaU-Prognose in vH)	- 2.4	- 1.3	- 0.5
NO_x-Emissionen	1737 kt	1627 kt	1268 kt
Steueraufkommen	87 Mrd. DM	55 Mrd. DM	17 Mrd. DM

Werden in der zweiten Variante die BAT-Techniken mit einbezogen, und wird ein kurzsichtiges Kalkül (K) bei der Investitionsentscheidung unterstellt, gehen die Emissionen immerhin auf 1627 Tsd. Tonnen zurück, und das Bruttoinlandsprodukt liegt nur um 1.3 vH unter dem Wert der Basisprognose. Wegen des niedrigeren Steueraufkommens sind gleichzeitig die Wirkungen auf Beschäftigung und Preise geringer. Bei der dritten Variante, die von einem langfristigen Investitionsverhalten der Wirtschaftssubjekte bei vollkommener Information über die weitere Entwicklung der Steuersätze ausgeht (Kalkül L), sinken die Emissionen auf 1268 Tsd. Tonnen, fast 40 vH weniger als bei Fortführung der gegenwärtigen Umweltpolitik. Die Effekte auf das Bruttoinlandsprodukt, die Beschäftigung und die Preise sind gering, weil das Steueraufkommen in 2005 unter 17 Mrd. DM liegt.

Die sektoralen Effekte sind mit Ausnahme der Energiesektoren in allen drei Modellsimulationen im Vergleich zur BaU-Prognose gering, wie Tabelle 36 zeigt. Der Kohlenbergbau und die Mineralölherstellung mit hohen NO_x-Emissionsfaktoren der zugehörigen Energieträger werden im Fall der Steuer ohne Berücksichtigung von BAT-Techniken stark belastet und müssen drastische Produktionseinbußen hinnehmen. Dagegen bleibt die Verwendung der emissionsarmen

Gase und die Elektrizitätserzeugung nahezu unverändert. Daneben sind einige NO_x-intensive Dienstleistungsbereiche wie der sonstige Verkehr überdurchschnittlich stark betroffen, wobei dadurch aber nur die ansonsten dynamische zukünftige Expansion langsamer verläuft. In den anderen Sektoren bleiben die Trends der Basisprognose fast unverändert bestehen.

Tabelle 36: Durchschnittliche Jahreswachstumsraten der Bruttoproduktionswerte in Preisen von 1985 zwischen 1996 und 2005 in vH, Westdeutschland

	Produktionsbereich	BaU-Prognose	Steuer ohne BAT	Steuer mit Kalkül K	Steuer mit Kalkül L
1	Landwirtschaft	+ 0.7	+ 0.7	+ 0.5	+ 0.6
2	Forstwirtschaft, Fischerei	+ 2.3	+ 2.3	+ 2.3	+ 2.3
3	Elektrizität/Warmwasser	+ 1.7	+ 1.4	+ 1.5	+ 1.6
4	Gas	+ 2.3	+ 1.9	+ 1.7	+ 2.8
5	Wasser	+ 1.5	+ 1.3	+ 1.3	+ 1.4
6	Kohlenbergbau	- 1.7	- 2.8	- 2.5	- 2.9
7	Erze, Salze, Torf	+ 4.6	+ 4.5	+ 4.5	+ 4.6
8	Erdöl, Erdgas	- 4.4	- 5.0	- 4.7	- 4.2
9	Chemie, Spalt- und Brutstoffe	+ 2.2	+ 1.9	+ 2.0	+ 2.1
10	Mineralölerzeugnisse	- 0.2	- 4.5	- 2.5	- 0.5
11	Kunststofferzeugnisse	+ 4.3	+ 4.2	+ 4.2	+ 4.2
12	Gummierzeugnisse	+ 2.7	+ 3.0	+ 2.9	+ 2.7
13	Steine und Erden, Baustoffe	+ 0.0	- 0.1	- 0.2	- 0.1
14	Feinkeramik	+ 1.1	+ 0.9	+ 1.0	+ 1.0
15	Glas und Glaswaren	+ 2.9	+ 2.4	+ 2.5	+ 2.8
16	Eisen und Stahl	+ 0.1	- 0.3	- 0.2	- 0.2
17	NE-Metalle/-Metallhalbzeug	+ 2.9	+ 2.9	+ 2.6	+ 2.8
18	Giessereierzeugnisse	+ 2.0	+ 1.9	+ 1.9	+ 2.0
19	Ziehereien, Kaltwalzwerke	+ 1.4	+ 1.2	+ 1.2	+ 1.3
20	Stahlbau/Schienenfahrzeuge	+ 1.4	+ 1.2	+ 1.1	+ 1.3
21	Maschinenbauerzeugnisse	+ 1.4	+ 1.3	+ 1.4	+ 1.4
22	Büromaschinen, EDV	+ 4.5	+ 4.5	+ 4.5	+ 4.6
23	Straßenfahrzeuge	+ 4.0	+ 4.0	+ 3.9	+ 4.0
24	Wasserfahrzeuge	+ 1.6	+ 1.4	+ 1.5	+ 1.6
25	Luft- und Raumfahrzeuge	+ 1.7	+ 1.6	+ 1.6	+ 1.7
26	Elektrotechnische Erzeugnisse	+ 4.6	+ 4.5	+ 4.6	+ 4.7
27	Feinmechanik/Optik/Uhren	+ 2.6	+ 2.1	+ 2.3	+ 2.5

Fortsetzung Tabelle 36

	Produktionsbereich	BaU-Prog-nose	Steuer ohne BAT	Steuer mit Kalkül K	Steuer mit Kalkül L
28	Eisen-, Blech-, Metallwaren	+ 3.4	+ 3.2	+ 3.2	+ 3.3
29	Musikinstr./Sportgeräte	+ 3.0	+ 2.6	+ 2.7	+ 2.9
30	Holz	+ 4.2	+ 3.8	+ 4.0	+ 4.2
31	Holzwaren	+ 2.7	+ 2.2	+ 2.5	+ 2.7
32	Zellstoff, Papier, Pappe	+ 6.5	+ 6.0	+ 6.1	+ 6.3
33	Papier- und Pappewaren	+ 3.1	+ 2.7	+ 2.8	+ 3.0
34	Druckerei/Vervielfältigung	+ 2.3	+ 2.2	+ 2.3	+ 2.3
35	Leder, Lederwaren, Schuhe	- 0.4	- 0.3	- 0.4	- 0.4
36	Textilien	+ 3.3	+ 3.4	+ 3.3	+ 3.2
37	Bekleidung	+ 0.5	+ 0.3	+ 0.4	+ 0.5
38	Nahrungsmittel (ohne Getr.)	+ 1.3	+ 0.9	+ 1.1	+ 1.3
39	Getränke	+ 2.0	+ 1.5	+ 1.8	+ 2.0
40	Tabakwaren	- 0.1	- 0.1	- 0.1	- 0.1
41	Hoch- und Tiefbauleistungen	- 0.7	- 0.9	- 1.0	- 0.8
42	Ausbauleistungen	+ 0.3	+ 0.2	+ 0.0	+ 0.2
43	Großhandel, Rückgewinnung	+ 2.6	+ 2.4	+ 2.5	+ 2.6
44	Einzelhandel	+ 1.7	+ 1.3	+ 1.4	+ 1.6
45	Eisenbahnen	+ 2.1	+ 2.4	+ 2.2	+ 2.0
46	Schiffahrt/Wasserstr./Häfen	+ 0.6	+ 0.6	+ 0.6	+ 0.6
47	Postdienst/Fernmeldewesen	+ 3.4	+ 3.2	+ 3.3	+ 3.4
48	Dienstl. des sonst. Verkehrs	+ 5.3	+ 4.5	+ 5.4	+ 5.3
49	Dienstl. der Kreditinstitute	+ 3.8	+ 3.2	+ 3.5	+ 3.7
50	Dienstl. der Versicherungen	+ 4.7	+ 4.1	+ 4.3	+ 4.6
51	Gebäude-/Wohnungsverm.	+ 2.1	+ 2.0	+ 2.1	+ 2.1
52	Gastgewerbe und Heime	+ 2.7	+ 2.4	+ 2.6	+ 2.7
53	Wissenschaft/Kultur/Verlage	+ 4.5	+ 4.4	+ 4.4	+ 4.5
54	Gesundheits-/Veterinärwesen	+ 0.8	+ 0.7	+ 0.8	+ 0.8
55	Sonstige marktbest. Dienstl.	+ 4.5	+ 4.6	+ 4.5	+ 4.5
56	Gebietskörperschaften	- 0.1	- 0.4	- 0.3	- 0.2
57	Sozialversicherung	- 0.1	- 0.4	- 0.2	- 0.1
58	Priv. Org., häusliche Dienste	+ 1.5	+ 1.6	+ 1.6	+ 1.5
	Alle Produktionsbereiche	+ 2.3	+ 2.0	+ 2.1	+ 2.2

Im Fall des Investitionskalküls K wird vor allem die Mineralölerzeugung weniger stark belastet, weil ein Teil der möglichen BAT-Maßnahmen umgesetzt wird. Dafür ist der Druck auf die Gasverwender geringfügig höher. Der Bereich des sonstigen Verkehrs, in dem überwiegend Diesel-Lkw eingesetzt werden, kann seine Produktion sogar steigern, weil die aus der Verwendung von Dieseltreibstoff resultierenden Emissionen nach dem Übergang auf die BAT-Technik von der Steuer befreit sind.

Bei der Steuer mit Investitionskalkül L entspricht das Bild noch stärker der Basisprognose, weil hier die meisten BAT-Techniken umgesetzt werden, und daher das Steueraufkommen im Jahr 2005 gering ist. Dies zeigt sich insbesondere bei Mineralölerzeugnissen, die fast vollständig steuerfrei sind. Gas gewinnt sogar relative Preisvorteile gegenüber der Kohle, auf der der Großteil der verbleibenden Steuerlast liegt.

6.4 Schlußfolgerungen

Als ein zentrales Ergebnis des Vergleichs der drei Steuervarianten kann festgehalten werden, daß bei rationalem Investitionsverhalten und langfristiger Information der Wirtschaftssubjekte eine weitgehende Umsetzung der verfügbaren besten Vermeidungstechniken schon bei geringen Steuersätzen durchgeführt wird. Auch wenn der lange Zeithorizont, der bei Entscheidungskalkül L unterstellt ist, in der Realität schwierig zu erreichen sein wird, ist die Botschaft der Modellrechnungen eindeutig. Bessere Information und Sicherheit über umweltpolitische Maßnahmen auch auf mittlere Sicht bewirken schon bei niedrigen Steuersätzen die Umsetzung vieler der vorhandenen Einsparpotentiale, die sich in einer anderen, kurzfristig orientierten und von politischen Unsicherheiten geprägten Welt erst bei drastisch höheren Steuersätzen lohnen würden. Eine langfristig angelegte Umweltpolitik könnte demnach gegenüber einer kurzfristigen und kurzsichtigen Politik ein *Mehr* an Luftreinhaltung mit geringeren Eingriffen erreichen, was wiederum für sich genommen umweltpolitische Erfolge erleichtern würde.

Zum zweiten zeigt sich, daß technische Vermeidungsmaßnahmen in vielen Fällen eine kostengünstigere Möglichkeit zur Senkung der NO_x-Emissionen darstellen als Änderungen der Inputstrukturen oder Umstellungen auf energieärmere Produktionstechnologien. Auch die Absenkung des wirtschaftlichen Niveaus von besonders emissionsintensiven Bereichen verursacht höhere Kosten. Allerdings sollte an dieser Stelle nicht der Schluß gezogen werden, daß eine Förderung technischer Einsparmaßnahmen allein die beste Variante zur Verringerung der Emissionen darstellt. Wie in Kapitel 5 ausführlich dargestellt wurde, muß eine Verminderung der gesamten, in erster Linie energiebedingten Emissionen das Hauptziel der Luftreinhaltepolitik darstellen. Da zumindest für CO_2 aber zur Zeit keine Vermeidungstechnologien zur Verfügung stehen, kann der Einsatz besserer Technik nur einen Teil der Probleme lösen.

7 Modellierung des Flächenverbrauchs

7.1 Einleitung

Bis hierher wurde die Nachhaltigkeitslücke nur in bezug auf die Luftschadstoffe modelliert. Auch unter einer ökologischen Steuerreform wird vielfach nur eine Besteuerung des Energieverbrauchs oder der zugehörigen CO_2-Emissionen im Zusammenhang mit einer Entlastung anderer Abgaben diskutiert. Dagegen wird die Problematik der Flächennutzung eher selten thematisiert.

Ein Indikator dafür ist, daß die verschiedenen Enquete-Kommissionen des Deutschen Bundestages, die sich mit der Umweltpolitik befaßt haben, zumeist die Energiepolitik und den Klimaschutz adressiert haben (Enquete-Kommission VSE 1991, Enquete-Kommission SE 1994, Enquete-Kommission SMU 1994, Enquete-Kommission SE 1995). In dem jüngsten Bericht wird allerdings das Thema Flächennutzung besonders problematisiert (Enquete-Kommission SMU 1997, S. 38ff). Darin wird die Verringerung des Landschaftsverbrauchs als umweltpolitisches Ziel explizit genannt.

Kuhn/Radermacher/Stahmer (1994) haben durch eine einfache Regressionsrechnung über den Zusammenhang zwischen dem Wirtschaftswachstum einerseits und der Siedlungs- und Verkehrsfläche andererseits gezeigt, daß ein umweltpolitischer Eingriff erfolgen muß. „Würde sich der lineare Zusammenhang fortsetzen, so ist leicht erkennbar, daß bei einem realen Wirtschaftswachstum von jährlich 2 oder 3 vH in 121 bzw. 81 Jahren rechnerisch die Siedlungs- und Verkehrsfläche die gesamte Fläche der alten Bundesländer in Anspruch nehmen würde. Natürlich wird diese Entwicklung so nicht eintreten. Der Zusammenhang verdeutlicht jedoch anschaulich, daß dem Phänomen der Entkoppelung von Wirtschaftswachstum und Flächenverbrauch in den nächsten Jahren eine erhöhte Aufmerksamkeit gewidmet werden muß." (Krack-Roberg/Schäfer 1997, S. 7).

Die Entwicklung der zukünftigen Flächennutzung in der Bundesrepublik Deutschland kann am besten über disaggregierte Prognosen für die verschiedenen Wirtschaftssektoren erfolgen. Die gesamte Flächennutzung läßt sich dann per Aggregation aus der sektoralen Nutzung bestimmen.

In diesem Kapitel wird untersucht, welche Datenbasis für eine solche Analyse benötigt wird, und auf welche Weise ein land use-Modul in das Modell PANTA RHEI integriert werden könnte.

7.2 Die Datengrundlage

Krack-Roberg/Schäfer (1997) definieren eine *Flächennutzungsmatrix B*, in der die Produktionsbereiche der Input-Output-Rechnung (vgl. Tabelle 2, S. 42f) und die privaten Haushalte den unterschiedlichen Landnutzungsformen gegenübergestellt werden. In die Felder dieser Matrix sind dann die jeweiligen Flächennutzungen in km^2 eingetragen.

Die beiden Produktionsbereiche „Landwirtschaft" und „Forstwirtschaft und Fischerei" werden in dieser Matrix tiefer disaggregiert. Zusätzlich wird die Kategorie „ohne direkte wirtschaftliche Nutzung“ eingeführt. Diese Disaggregation ist in der folgenden Tabelle aufgeführt.

Tabelle 37: Die Produktionsbereiche und Endnachfragekategorien der Flächennutzungsmatrix

1	Erzeugung von Produkten der Landwirtschaft
1.1	Pflanzenanbau
1.2	Tierhaltung
1.3	Gemischte Landwirtschaft
1.4	Einbringung von Dienstleistungen in der Landwirtschaft
1.5	Gewerbliche Jagd
2	Erzeugung von Produkten der Forstwirtschaft, Fischerei, usw.
2.1	Forstwirtschaft
2.2	Fischerei und Fischzucht
3	Erzeugung und Verteilung von Elektrizität, Dampf, Warmwasser
4	Gewinnung und Verteilung von Gas
5	Wasser
6	Kohlenbergbau
7	Erze, Salze, Torf
8	Erdöl, Erdgas
9	Chemie, Spalt- und Brutstoffe
10	Mineralölerzeugnisse
...	...
...	...
...	...
55	Sonstige marktbestimmte Dienstleistungen
56	Gebietskörperschaften
57	Sozialversicherung
58	Leistungen der priv. Org. ohne Erwerbszweck, häusliche Dienste
59	Alle Produktionsbereiche zusammen
60	Private Haushalte
61	Ohne direkte wirtschaftliche Nutzung

Jedem der Produktionsbereiche werden die verschiedenen Flächennutzungsformen gegenübergestellt. Diese sind in disaggregierter Form in Tabelle 38 genannt:

Tabelle 38: Kategorien der Flächennutzung

1	Städtisch geprägte Flächen
1.1	Städtisch geprägte Fläche
1.1.1	Durchgängig städtischer Prägung
1.1.2	Nicht durchgängig städtischer Prägung
1.2	Industrie-, Gewerbe- und Verkehrsflächen
1.2.1	Industrie- und Gewerbeflächen
1.2.2	Straßen-, Eisenbahnnetze und funktional zugehörige Flächen
1.2.3	Hafengebiete
1.2.4	Flughäfen
1.3	Abbauflächen, Deponien und Baustellen
1.3.1	Abbauflächen
1.3.2	Deponien und Abraumhalden
1.3.3	Baustellen
1.4	Künstlich angelegte Grünflächen
1.4.1	Städtische Grünfläche
1.4.2	Sport- und Freizeitanlagen
2	Landwirtschaftliche Flächen
2.1	Ackerflächen
2.1.1	Nicht bewirtschaftetes Ackerland
2.1.2	Regelmäßig bewirtschaftetes Ackerland
2.2	Dauerkulturen
2.2.1	Weinbauflächen
2.2.2	Obst- und Beerenobstbestände
2.3	Grünland
2.3.1	Wiesen und Weiden
2.4	Landwirtschaftliche Flächen mit heterogener Nutzung
2.4.1	Einjährige Kulturen mit Dauerkulturen
2.4.2	Komplexe Parzellenstrukturen
2.4.3	Landwirtschaftlich genutztes Land mit natürlicher Bodenbedeckung signifikanter Größe
2.4.4	Land- und forstwirtschaftliche Flächen
3	Wälder
3.1	Wälder
3.1.1	Laubwälder
3.1.2	Nadelwälder
3.1.3	Mischwälder

Fortsetzung Tabelle 38

3.2	Strauch- und Krautvegetation
3.2.1	Natürliches Grünland
3.2.2	Heiden, Moorheiden
3.2.3	Waldstrauch-Übergangsstadium
3.3	Offene Flächen ohne oder mit geringer Vegetation
3.3.1	Strände, Dünen, Sandflächen
3.3.2	Felsflächen ohne Vegetation
3.3.3	Flächen mit spärlicher Vegetation
3.3.4	Gletscher, Dauerschneegebiete
4	Feuchtflächen
4.1	Feuchtflächen im Landesinneren
4.1.1	Sümpfe
4.1.2	Torfmoore
4.2	Feuchtflächen an der Küste
4.2.1	Salzwiesen
4.2.2	Fläche in der Gezeitenzone
5	Wasserflächen
5.1	Wasserflächen
5.1.1	Gewässerläufe
5.1.2	Wasserflächen
5.2	Meeresgewässer
5.2.1	Lagunen
5.2.2	Mündungsgebiete
5.2.3	Meere, Ozeane

Es wird im folgenden davon ausgegangen, daß eine Zeitreihe von Matrizen $B(t)$ existiert und t der entsprechende Zeitindex ist. Einzelne Elemente dieser Matrix werden mit b_{lj} angesprochen, wobei l für die Nutzungsart und j für den Produktionsbereich steht. Die Summe aller Matrixelemente ergibt die Fläche der gesamten Bundesrepublik Deutschland. Diese Tabelle ist funktional gegliedert.

Besetzt ist die Matrix B hauptsächlich in den Produktionsbereichen „Landwirtschaft“ und „Forstwirtschaft und Fischerei“ und der

Flächennutzungskategorie „Städtisch geprägte Flächen“ (vgl. Tabelle 38). Eine Ausnahme bildet der Produktionsbereich „Leistungen der Schiffahrt, Wasserstraßen und Häfen“, der per Definition Wasserflächen benötigt, aber auch der Restposten „Ohne wirtschaftliche Nutzung“, von dem „Wälder“, „Feuchtflächen“ und „Wasserflächen“ genutzt werden. In allen anderen Produktionsbereichen sind diese drei Flächenkategorien unbesetzt.

Von Krack-Roberg/Schäfer (1997) wurde beispielhaft die Flächennutzung der Kategorie „Straßen-, Eisenbahnnetze und funktional zugehörige Flächen“, kurz „Verkehrsfläche insgesamt“, und die „Straßenverkehrsfläche“ für 14 Produktionsbereiche und die privaten Haushalte für das Jahr 1993 berechnet. Die gesamte „Straßenverkehrsfläche“ betrug 14728 km^2. Hauptnutzer dieser Fläche waren die privaten Haushalte mit 60.6 vH. An zweiter Stelle liegt der aggregierte Produktionsbereich „Landwirtschaft, Forstwirtschaft und Fischerei“ mit 25.1 vH aufgrund der großen quantitativen Bedeutung von land- und forstwirtschaftlichen Wegen. Danach folgen fast gleichauf die „Dienstleistungen des Groß- und Einzelhandels“, die „Dienstleistungen des Verkehrs“ mit jeweils 3.2 vH und die „Dienstleistungen der Kreditinstitute“ sowie „Sonstige marktbestimmte Dienstleistungen“ mit zusammen 3.1 vH.

Der restliche Anteil der Nutzung der „Straßenverkehrsfläche“ von 4.9 vH entfällt auf das „Produzierende Gewerbe“ (Produktionsbereiche 3 bis 42) und die „Dienstleistungen der Gebietskörperschaften, Sozialversicherungen und der privaten Organisationen o.E.“ (Produktionsbereiche 56 bis 58). Der Produktionsbereich „Dienstleistungen des Verkehrs“ hat trotz der funktionalen Gliederung nur einen Anteil von 3.1 vH, weil die Nutzung von Kraftfahrzeugen und somit der Verkehrsfläche in den anderen Produktionsbereichen als Hilfsaktivität verbucht wird.

Eindeutiger können in der Matrix *B* die Verkehrsflächen „Eisenbahnnetze" (1.2.2) „Hafengebiete" (1.2.3) und „Flughäfen" (1.2.4) zugeordnet werden. Sie fallen fast ausschließlich den Produktionsbereichen „Dienstleistungen der Eisenbahn", „Dienstleistungen der Schiffahrt, Wasserstraßen und der Häfen" sowie den „Dienstleistungen des sonstigen Verkehrs" zu.

Die „Industrie- und Gewerbefläche" (1.2.1) und die „Nicht durchgängig städtisch geprägte Fläche" (1.1.2) verteilen sich auf die Produktionsbereiche 3 bis 58. Die „Durchgängig städtisch geprägte Fläche" (1.1.1) wird von den Produktionsbereichen 18 bis 58 genutzt, wobei hier der Großteil auf die Dienstleistungssektoren, insbesondere auf die „Gebäude- und Wohnungsvermietung" fällt.

Von den Produktionsbereichen „Erzeugung des Kohlenbergbaus" und der „Gewinnung von Bergbauerzeugnissen" sowie der „Gewinnung von Steinen und Erden, Baustoffe" werden die „Abbauflächen" (1.3.1) genutzt. „Deponieflächen" (1.3.2) finden sich hauptsächlich in den Produktionsbereichen „Sonstige marktbestimmte Dienstleistungen" und den „Leistungen der Gebietskörperschaften" wieder.

Die gesamte „Landwirtschaftliche Fläche" (2) und die „Wälder" (3.1) sind den Produktionsbereichen „Landwirtschaft" und auch der „Forstwirtschaft" zugeordnet. Die übrigen Flächen unterliegen nur zu einem sehr geringen Grad einer wirtschaftlichen Nutzung oder sind in ihrer Größe vom Menschen nur in geringem Maße beeinflußbar, z.B. die „Wasserflächen".

Dementsprechend sind die wirtschaftlich nutzbaren Flächen, d.h. die versiegelten Flächen, die landwirtschaftlichen Flächen und die Wälder der Gegenstand dieser Untersuchung. Zu bemerken sei an dieser Stelle noch, daß für den unteren Rand dieser Matrix, also für die über die Produktionsbereiche aggregierte Flächennutzung, Daten für die neuen Bundesländer und Berlin aus dem Jahr 1990 zur Verfügung stehen (Deggau 1995).

Die *Preise für die Flächennutzung* sind aus den Bodenpreisen und dem Pachtzins zu erheben. Die Bodenpreise sind je nach Nutzungsart Baulandpreise für Wohnungsbau und Eigenheime, Baulandpreise für Industrie- und Gewerbegebiete, Preise für landwirtschaftliche Flächen, Preise für Waldflächen etc. Der Pachtzins ist vermutlich für landwirtschaftliche Flächen am leichtesten zu erheben. Er existiert jedoch auch für die städtische Flächennutzung bei der Verpachtung von Grundstücken. Gleiches gilt für Industrie- und Gewerbeflächen, wodurch es auch hier möglich sein wird, Preise für die Flächennutzung zu erheben.

Problematisch wird dies jedoch für die unterschiedlichen Verkehrsflächen (1.2.2 bis 1.2.4) und die öffentlichen Flächen (1.3 und 1.4) sein. Hier könnte ein Indikator aus den Preisen der angrenzenden Grundstücke gebildet werden. Trotz dieser Schwierigkeiten wird im weiteren vorausgesetzt, daß für jede Nutzungsart l und jeden Produktionsbereich j ein Preis für die Flächennutzung pfn_{lj} erhoben werden kann.

Um die Veränderungen der unterschiedlichen Flächennutzungen zu analysieren wäre es ideal, alle diese Daten als Zeitreihen zu erheben und zu veröffentlichen, da dann die Flächennutzungen aller Produktionsbereiche im Zeitablauf betrachtet und ökonometrisch geschätzt werden könnten. Es sind jedoch auch Datensätze denkbar, die nicht diesem Idealbild entsprechen. So könnte man sich beispielsweise vorstellen, daß die oben beschriebene Matrix nur für einen Zeitpunkt komplett zur Verfügung steht oder nur einzelne Matrixelemente als Zeitreihen vorhanden sind. Eine weitere Möglichkeit besteht darin, daß nur Teile der Matrix für einen Zeitpunkt existieren und die anderen Elemente unbesetzt sind. Zudem ist eine wesentlich aggregiertere Form vorstellbar, aber auch weitere Kombinationen der obigen Konstellationen.

Mit all diesen Varianten können Modelle, Simulationen und Prognosen über die Flächennutzung erstellt werden. Dazu müssen je nach Datensatz die Spezifikationen ökonometrisch geschätzt oder ad hoc festgelegt bzw. kalibriert werden. Die Ergebnisse sind dann vor dem Hintergrund der jeweiligen Datenlage zu bewerten. Auf diese Varianten in der Datenbasis wird bei den Spezifikationsmöglichkeiten bei Bedarf eingegangen. Vorerst wird jedoch von einem wie oben beschriebenen kompletten Datensatz ausgegangen.

7.3 Mögliche Spezifikationen der Flächennutzung

In diesem Abschnitt werden unterschiedliche Möglichkeiten der Spezifikation der Flächennutzung diskutiert. Zu bedenken ist, daß es sich ohne die benötigten Daten nur um theoretische Überlegungen handeln kann, und daß keine Möglichkeit besteht, die aufgeführten Spezifikationen zu testen. Vermutlich werden die Ansätze auch von Produktionsbereich zu Produktionsbereich unterschiedlich sein.

Generell bieten sich zwei Ansätze an: Man kann die Flächennutzung entweder mit dem Bestand an Bauten oder mit der laufenden Produktion in Verbindung bringen. Im ersten Fall ist an eine komplementäre Beziehung zwischen zwei Produktionsfaktoren zu denken, im zweiten Fall an eine Input-Output-Relation.

7.3.1 Flächennutzung und Bauten

Wenn Bauinvestitionen getätigt werden, führt dies in den meisten Fällen zu einer geänderten Flächennutzung. Eine Ausnahme besteht dann, wenn es sich um Aus- oder Umbaumaßnahmen handelt. Auch die seltene Form des Rückbaus oder Abrisses von Gebäuden, die genauso zu einer Veränderung der Flächennutzung führt, findet sich hier wieder.

Bezüglich der Spezifikation ist zu bemerken, daß verschiedene Datensätze zu den Bauten existieren. Dies sind einerseits der Kapitalstock für Bauten nach 58 Wirtschaftsbereichen und andererseits die Bauinvestitionen nach 58 investierenden Bereichen. Darunter befindet sich auch die „Wohnungsvermietung", die die Nutzung durch den Eigentümer einschließt. Geht man davon aus, daß der disaggregierte Kapitalstock für Bauten $knbr_j$ im Modell berechnet wird, kann die Flächennutzung durch diesen Kapitalstock erklärt werden:

$$b_{lj}(t) = b_{lj}\left[knbr_j(t), \ldots\right], \tag{5}$$

wobei $knbr_j$ im Modell durch die Bauinvestitionen bestimmt wird, und diese durch Gewinne und Zinsen determiniert werden.

Mit der obigen Spezifikation wird kein Unterschied gemacht, ob es sich um Neubauten oder um Aus- bzw. Umbauten handelt, und in Gleichung (5) wird auch nicht die Veränderung von Flächennutzungskosten berücksichtigt. Die Flächennutzung ist jedoch vermutlich von Preisrelationen abhängig: Ist der Preis für die Flächennutzung pfn_{lj} hoch, so wird in der Regel eher mehrstöckig gebaut als nur ebenerdig. Dies sei damit belegt, daß in den Stadtzentren mit hohen Preisen für Flächennutzung zumeist mehrstöckige Häuser und Betriebe existieren, wogegen in der Peripherie mit preiswerteren Bau- und Gewerbegrundstücken ein- bis zweistöckige Bauten überwiegen. Als günstiger erweist es sich somit, die zu erklärende Variable als Koeffizient zu formulieren.

Als zu erklärende Variable dient dann die Flächennutzung in Relation zum Kapitalstock, das *Flächen-Kapitalverhältnis:*

$$fkv_{lj}(t) = b_{lj}(t) \,/\, knbr_j(t). \tag{6}$$

Dieses Verhältnis dürfte unter anderem mit Relativpreisen erklärbar sein. Dieser Relativpreis bildet sich aus dem Preis für die Flächennutzung pfn_{lj} bezogen auf den Preis des Kapitalstocks für Bauten $pknb_j$. Somit erhält man als Spezifikation:

$$fkv_{lj}(t) = fkv_{lj}\left[pfn_{lj}(t) \,/\, pknb_j(t), \ldots\right]. \tag{7}$$

Steigt der Pachtzins bei gleichem Preisindex des Kapitalstocks für Bauten, wird weniger Fläche pro Einheit Bauten genutzt. Daß eine mehrstöckige Bauweise natürlich auch Auswirkungen auf den Preis des Kapitalstocks für Bauten hat, ist selbstverständlich.

Einen weiteren Einfluß auf die jeweilige Flächennutzung haben der Preis oder der Ertrag der alternativen Nutzung. Soll beispielsweise die „nicht durchgängig städtisch geprägte Flächennutzung" erklärt werden, ist diese möglicherweise sowohl vom eigenen Nutzungspreis pfn_{lj} als auch vom Preis der alternativen Nutzung k wie z.B. der „landwirtschaftlich genutzten Fläche" abhängig. Erhöhen sich die Erträge, die mit der alternativen Nutzung erzielt werden können, dürfte auch die Nachfrage und somit der Preis für die alternative Nutzung pfn_{kj} steigen. So ist das Flächen-Kapitalverhältnis auch mit dem Verhältnis des eigenen Preises der Nutzungsart l zu dem Preis der Nutzungsart k zu erklären. Somit erhält man:

$$fkv_{lj}(t) = fkv_{lj}\left[\ldots, pfn_{lj}(t) / pfn_{kj}(t), \ldots\right], \qquad k \neq l. \qquad (8)$$

Neben den oben genannten Relativpreisen mögen weitere Größen wie z.B. der Zeittrend zur Erklärung beitragen, womit man insgesamt die folgende Spezifikation erhält:

$$fkv_{lj}(t) = fkv_{lj}\left[pfn_{lj}(t) / pknb_j(t), pfn_{lj}(t) / pfn_{kj}(t), t, \ldots\right], \qquad k \neq l. \qquad (9)$$

Das Pendant zur Flächennutzung in Verbindung mit dem Kapitalstock ist der Flächenverbrauch in Verbindung mit den Bauinvestitionen. Unter *Flächenverbrauch* ist in der Regel die Umwidmung von landwirtschaftlichen Flächen, Wäldern, Feucht-, Wasserflächen zu Siedlungs- und Verkehrsflächen zu verstehen (Mohs/Meiners 1994). Er ist somit definiert als:

$$\Delta b_{lj}(t) = b_{lj}(t) - b_{lj}(t-1). \tag{10}$$

So können die jeweiligen Flächenverbräuche Δb_{lj} auf die nach 58 Wirtschaftsbereichen disaggregierten Bauinvestitionen ibr_j regressiert werden. Günstiger ist es jedoch, das Verhältnis dieser beiden Größen zu bilden, das *Flächenverbrauch-Investitionsverhältnis:*

$$fiv_{lj}(t) = \Delta b_{lj}(t) \,/\, ibr_j(t). \tag{11}$$

Auch das Flächenverbrauch-Investitionsverhältnis könnte von Relativpreisen abhängig sein: Der Relativpreis bildet sich hier aus dem Preis für die Flächennutzung pfn_{lj} bezogen auf den Preis der Bauinvestitionen nach Wirtschaftsbereichen pib_j. Somit erhält man:

$$fiv_{lj}(t) = fiv_{lj}\left[\, pfn_{lj}(t) \,/\, pib_j(t), \ldots \right]. \tag{12}$$

Wie bei der Erklärung des Flächen-Kapitalverhältnisses könnte der Preis oder der Ertrag der alternativen Nutzung einen weiteren Einfluß auf den jeweiligen Flächenverbrauch ausüben.

So ist auch das Kreuzpreisverhältnis pfn_{lj}/pfn_{kj} eine potentielle erklärende Variable. Damit erhält man:

$$fiv_{lj}(t) = fiv_{lj}\left[\ldots, pfn_{lj}(t) \,/\, pfn_{kj}(t), \ldots \right], \qquad k \neq l. \tag{13}$$

Mit dieser Preisrelation läßt sich möglicherweise auch die verstärkte Abwanderung von Industriebetrieben aus Innenstädten in die Peripherie erklären. So ist die Ausweitung eines Betriebes in durchgehend städtisch geprägten Flächen (1.1.1) i.d.R. teuer, wohingegen die Nutzung von nicht durchgehend städtisch geprägten Flächen (1.1.2) - also der Peripherie - günstiger ist. Gleiches gilt für Gewerbeflächen. Bei der Flächenumwandlung wird mit dem Kreuzpreis zudem berücksichtigt, daß durch den Verkauf der Innenstadtfläche oft ein höherer Preis erzielt wird, als die Fläche in der Peripherie kostet. Außerdem findet sich in dieser Preisrelation der mögliche Ertrag wieder, der mit der alternativen Nutzung erzielt werden kann.

Zusammengefaßt erhält man somit als Spezifikation:

$$fiv_{lj}(t) = fiv_{lj}\left[pfn_{lj}(t) / pib_j(t), pfn_{lj}(t) / pfn_{kj}(t), \ldots\right], \quad k \neq l. \qquad (14)$$

Sowohl aus dem Flächen-Kapitalverhältnis als auch aus dem Flächenverbrauch-Investitionsverhältnis kann die Flächennutzung berechnet werden. Anhand der Daten ist zu testen, welche dieser Variablen sich tatsächlich als signifikant erweisen.

7.3.2 Flächennutzung und Produktion

In den Produktionsbereichen „Landwirtschaft" sowie „Forstwirtschaft und Fischerei" und deren Untergliederungen kann Boden als Produktionsfaktor betrachtet werden. Ein anderes Beispiel hierfür sind die „Abbauflächen" (1.3.1). Auch in den Produktionsbereichen

„Kohle, Erzeugnisse des Kohlenbergbaus“ und „Steine und Erden, Baustoffe“ ist der Boden ein Produktionsfaktor. Gleiches gilt für die Verkehrssektoren „Dienstleistungen der Eisenbahnen“, „Dienstleistungen der Schiffahrt, Wasserstraßen und der Häfen“ und den „Dienstleistungen des sonstigen Verkehrs“ mit den Bodenflächen „Eisenbahnnetze“ (zu 1.2.2), „Hafengebiete“ (1.2.3) sowie auch „Flughäfen“ (1.2.4). Ähnlich verhält es sich bei den „Straßennetzen“ (zu 1.2.2). Auch hier hängt die jeweilige Nutzung von Straßenverkehrsfläche grundsätzlich mit der Produktion zusammen und ist als Produktionsfaktor zu sehen. So ist in einigen Produktionsbereichen eine Ausweitung der Produktion nur bei einer stärkeren Nutzung von Straßenverkehrsfläche oder durch deren Substitution durch andere Verkehrsflächen denkbar. Im Gegensatz zu den oben beschriebenen Produktionsbereichen kann es jedoch innerhalb der „Straßennetze“ zu Verschiebungen zwischen den Produktionsbereichen kommen. Die Verlagerung des Straßenverkehrs auf die Schiene wird über Inputkoeffizienten modelliert.

Somit ist in den obigen Produktionsbereichen und Flächennutzungskategorien eine Spezifikation als *Bodeninputkoeffizient:*

$$bik_{lj}(t) = b_{lj}(t) \,/\, xg_j(t) \tag{15}$$

zu schätzen. Dabei ist xg_j der reale Produktionswert des Produktionsbereichs j. Auch dieser Bodeninputkoeffizient ist möglicherweise durch Relativpreise zu erklären:

$$bik_{lj}(t) = bik_{lj}\left[\, pfn_{lj}(t) \,/\, pg_j(t),\ t \,\right]. \tag{16}$$

Dabei ist pg_j der Outputpreis des Gutes j, und der Zeittrend t mißt den Einfluß des technischen Fortschritts. Werden hier zusätzlich die Kreuzpreisverhältnisse berücksichtigt, erhält man:

$$bik_{lj}(t) = bik_{lj}\left[pfn_{lj}(t) / pg_j(t),\ pfn_{lj}(t) / pfn_{kj}(t),\ t \right], \quad k \neq l. \qquad (17)$$

Auch diese Spezifikation kann erst mit den vorhandenen Daten für die oben genannten Produktionsbereiche getestet werden. Es ist zudem vorstellbar, daß dieser Ansatz auch für andere Produktionsbereiche genutzt werden kann.

7.3.3 Die Flächennutzung der privaten Haushalte

Von den privaten Haushalten werden „Städtisch geprägte Flächen“ (1.1) und „Straßenverkehrsflächen“ (zu 1.2.1) genutzt. Die Nutzung der Straßenverkehrsfläche, in die Geh- und Radwege einbezogen sind, durch die privaten Haushalte hängt innerhalb von Siedlungen direkt vom Wohnungsbau ab, da hier erst mit den Siedlungen Straßen, Geh- und Radwege benötigt werden.

Die Nutzung der reinen Straßenflächen kann auf den Kraftstoffverbrauch der Haushalte zurückgeführt werden. Geh- und Radwege werden fast ausschließlich von den privaten Haushalten genutzt und sind vermutlich durch die Bevölkerungszahl und einen Trend stellvertretend für das sich ändernde Freitzeitverhalten zu erklären. Mit der Wohnungsvermietung ist die Nutzung „städtisch geprägter Flächen“ eng verwoben und läßt sich daraus erklären.

7.4 Die Modellierung einer ökologischen Flächensteuer

Das Ziel einer ökologischen Flächensteuer ist die Entkoppelung des Flächenverbrauchs vom Wirtschaftswachstum, d.h. es wird ein langsameres Wachstum der Siedlungs- und Verkehrsflächen angestrebt. Bizer (1995) diskutiert unterschiedliche Flächensteuern (Bodenwertsteuer, Baulandsteuer, Wohnflächensteuer und eine Versiegelungssteuer) und kommt zu dem Ergebnis, daß eine Versiegelungssteuer die sinnvollste Variante darstellt. Dazu muß ein Aufschlag bzw. eine Steuer auf den Preis für versiegelte Fläche erhoben werden.

Bei den obigen Spezifikationen wäre dies ein Aufschlag auf den Preis der Flächennutzung pfn_{lj}. Dieser Aufschlag unterscheidet sich je nach Versiegelungsfaktor, der als Anteil der versiegelten Fläche an der gesamten Grundstücksfläche definiert ist. Es wird angenommen, daß für die in Tabelle 38 genannten Nutzungskategorien für diesen Versiegelungsfaktor Durchschnittswerte ermittelt werden können. Bizer (1995) hat diese bereits in einer anderen Disaggregation angegeben. Nach diesem Schlüssel können dann Preisaufschläge auf die verschiedenen Flächenkategorien verteilt werden.

Des weiteren gibt es sehr unterschiedliche Vorschläge zur Verwendung der Steuereinnahmen. Von Weizsäcker (1994, S. 199) hält es für sinnvoll, die Gewerbesteuer wegfallen zu lassen und dafür eine Versiegelungssteuer zu erheben. Andere Autoren schlagen vor, diese Steuer direkt in den Naturschutz zurückfließen zu lassen (Ewringmann/Bizer 1995). Es ist auch vorstellbar, die Eigentümer unversiegelter Flächen zu subventionieren, wodurch eine zusätzliche

Verlangsamung der Flächenversiegelung stattfinden würde. Auch kann die Kompensation der Steuereinahmen wie in den CO_2-Steuersimulationen in Kapitel 4 durchgeführt werden. In diesen Simulationen werden die Steuereinnahmen zur Senkung der Lohnnebenkosten genutzt. Das Modell PANTA RHEI ist so weit differenziert, daß die vier genannten Vorschläge modelliert werden können.

8 Ausblick

Die vorgelegten Simulationsrechnungen haben gezeigt, daß die Daten der Umweltökonomischen Gesamtrechnungen und umweltökonomische Modelle sinnvoll miteinander verknüpft werden können. Für die umweltpolitische Diskussion eröffnet sich damit die Perspektive, die Wirkungen potentieller Maßnahmen auf ökologische und ökonomische Ziele sicherer abschätzen zu können als dies ohne Modellierung der Fall ist. Es ist ferner deutlich geworden, daß der gewählte ökonometrische Input-Output-Ansatz die notwendige Tiefenschärfe ermöglicht, die für das Erlangen politikrelevanter Aussagen erforderlich ist.

Der Eindruck bleibt aber noch unvollständig, wenn nicht an dieser Stelle auf die Möglichkeiten verwiesen wird, die die moderne Softwaretechnologie bietet, um den tiefen Graben, der zwischen Datenproduzenten, Modellbauern sowie Gutachtern auf der einen Seite und den politisch Verantwortlichen auf der anderen Seite existiert, zu überwinden: Man kann die Modelle heute mit einer Benutzeroberfläche versehen, die es auch dem in Modellbau und Modellanwendung weniger geübten Sachverständigen erlaubt, sich über die Modellzusammenhänge interaktiv zu informieren, die Modelle zu rechnen, die Ergebnisse zu analysieren und sie graphisch und tabellarisch aufzuarbeiten.

Ein weiterer Vorteil einer solchen Entwicklung liegt auf der Hand. Durch den direkten Umgang mit dem Instrument wird die Politik die Systeme viel besser einschätzen können. Erst wenn die Modelle die „heiligen Hallen“ der Wissenschaft mit einer intelligenten Oberfläche verlassen, werden Leistungsfähigkeit und Grenzen der verfügbaren Modelle für den Benutzer transparent, was dem Wettbewerb in diesem heute sehr unübersichtlichen Markt erheblich nutzen wird. Vor allem wird es dadurch möglich, sehr flexibel und ohne lange Bearbeitungszeiten die vielfältigen Dimensionen einer Fragestellung auszuloten.

Auch für die Politikberatung ist damit eine Revolution verbunden: Man produziert nicht mehr Gutachten in Form dickleibiger Folianten, sondern gibt der Politik Analyseinstrumente direkt in die Hand. Das folgende Bild mag noch einmal verdeutlichen, worauf es ankommt: In der Frühzeit des Automobils war die Technik noch sehr anfällig und wenig beherrschbar, so daß man einen Chauffeur brauchte. Heute hat man die Benutzerfreundlichkeit der Fahrzeuge so weit gesteigert, daß jeder Mensch mit gesundem Verstand nach kurzer Einweisung ein Auto fahren kann, auch wenn er nicht in der Lage ist, den Motor auseinanderzunehmen.

Abkürzungsverzeichnis

AEQ	Säureäquivalent (Acid EQuivalent)
AGE	Applied General Equilibrium
ALQ	Arbeitslosenquote
BAT	Best Available Technology
BaU	Business as Usual
BIP	Bruttoinlandsprodukt
BMU	Bundesministerium für Umwelt, Naturschutz und Reaktorsicherheit
CEQ	Klimaäquivalent (Climate EQuivalent)
CGE	Computable General Equilibrium
CH_4	Methan
CO	Kohlenmonoxid
CO_2	Kohlendioxid
d.h.	das heißt
DIW	Deutsches Institut für Wirtschaftsforschung
ESVG	Europäisches System Volkswirtschaftlicher Gesamtrechnungen
FCKW	Fluorchlorkohlenwasserstoffe
HS	Beschäftigung (Arbeitsstunden)
i.d.R.	in der Regel
ifo	ifo Institut für Wirtschaftsforschung
INFORGE	INterindustry FORecasting GErmany
INFORUM	INterindustry FORecasting at the University of Maryland
IPCC	Intergovernmental Panel on Climate Change

kt	Kilotonne (1000 Tonnen)
Mio.	Millionen
Mrd.	Milliarden
NAMEA	National Accounting Matrix including Environmental Accounts
NE	Nichteisen
NIP	Nettoinlandsprodukt
NMVOC	flüchtige organische Verbindungen außer Methan
NO_x	Stickoxide
N_2O	Lachgas
o.E.	ohne Erwerbszweck
OLS	Ordinary Least Squares
p.a.	per annum
PB	Produktionsbereich
PBIP	Preisniveau (Preisindex Bruttoinlandsprodukt)
PJ	Petajoule (10^{15} Joule)
RWI	Rheinisch-Westfälisches Institut für Wirtschaftsforschung
s.	siehe
SE	Schutz der Erdatmosphäre (Enquete-Kommission des Deutschen Bundestages)
SEEA	System for Integrated Environmental and Economic Accounting
SMU	Schutz des Menschen und der Umwelt (Enquete-Kommission des Deutschen Bundestages)
SO_2	Schwefeldioxid
SRU	Rat von Sachverständigen für Umweltfragen
SRW	Sachverständigenrat zur Begutachtung der gesamtwirtschaftlichen Entwicklung

t	Tonne
TDM	Tausend DM
Tsd.	Tausend
u.a.	unter anderem
UBA	Umweltbundesamt
UGR	Umweltökonomische Gesamtrechnungen
vgl.	vergleiche
VGR	Volkswirtschaftliche Gesamtrechnungen
vH	vom Hundert
VSE	Vorsorge zum Schutz der Erdatmosphäre (Enquete-Kommission des Deutschen Bundestages)
vs.	versus
z.B.	zum Beispiel
ZEW	Zentrum für Europäische Wirtschaftsforschung

Abbildungsverzeichnis

Tabellenverzeichnis

Literaturverzeichnis

Almon, C. (1991): The INFORUM Approach to Interindustry Modeling. Economic Systems Research 3, S. 1-7.

Barker, T. (1997): Taxing Pollution Instead of Jobs. In: O'Riordan, T. (Hrsg.): Ecotaxation. London.

Barker, T./ Gardiner, B. (1996): Employment, Wage Formation and Pricing in the European Union: Empirical Modelling of Environmental Tax Reform. In: Carraro, C./Siniscalco, D. (Hrsg.): Environmental Fiscal Reform and Unemployment. Dordrecht/ Boston/ London, S. 229-272.

Bartelmus, P. (1996): The Value of Nature - Valuation and Evaluation in Environmental Accounting. Beitrag zum „International Symposium on Integrated Environmental and Economic Accounting in Theory and Practice", Tokio, 5.-8. März 1996.

Bausor, R. (1994): Time. In: Hodgson, G.M./ Samuels, W.J./ Tool, M.R. (Hrsg.): The Elgar Companion to Institutional and Evolutionary Economics. L-Z. Aldershot/ Brookfield, S. 326-330.

Bergh, J.C.J.M. van den (1996): Ecological Economics and Sustainable Development. Cheltenham/ Brookfield.

Bizer, K. (1995): Von der Grundsteuer zur Flächensteuer. In: Ewringmann, D. (Hrsg.): Ökologische Steuerreform: Steuern in der Flächennutzung. Berlin, S. 137-179.

Bockermann, A. (1995): The Modelling of Energy Inputs in the INFORGE Model. The Data and First Specifications. In: Janoska, J.J./ Monaco, L.S. (Hrsg.): Papers from the Second INFORUM World Conference. College Park, S. 171-187.

Böhringer, C. (1996): Allgemeine Gleichgewichtsmodelle als Instrument der energie- und umweltpolitischen Analyse. Theoretische

Grundlagen und empirische Anwendung. Frankfurt am Main/ Berlin/ Bern u.a.

Böhringer, C./ Rutherford, T.F./ Pahlke, A./ Fahl, U./ Voß, A. (1997): Volkswirtschaftliche Effekte einer Umstrukturierung des deutschen Steuersystems unter besonderer Berücksichtigung von Umweltsteuern. Forschungsbericht des Instituts für Energiewirtschaft und Rationelle Energieanwendung 37. Stuttgart.

Boer, B. de/ Haan, M. de/ Voogt M. (1994): What would Net Domestic Product have been in an Environmentally Sustainable Economy? Preliminary Views and Results. In: Statistics Canada (Hrsg.): National Accounts and the Environment. Papers and Proceedings from a Conference. London, March 14-16, 1994. Ottawa.

Bonus, H. (1994): Vergleich von Abgaben und Zertifikaten. In: Mackscheidt, K./ Ewringmann, D./ Gawel, E. (Hrsg.): Umweltpolitik mit hoheitlichen Zwangsabgaben? Karl-Heinrich Hansmeyer zur Vollendung seines 65. Lebensjahres. Berlin, S. 287-300.

Braat, L.C./ Lierop, W.F.J. van (Hrsg.) (1987): Economic-Ecological Modelling. Amsterdam/ New York/ Oxford/ Tokio.

Brouwer, R./ O'Connor, M. (Hrsg.) (1996): Methodological Problems in the Calculation of Environmentally Adjusted National Income Figures. Study for the European Commission Directorate General XII. Executive Summary.

Bundesministerium für Umwelt, Naturschutz und Reaktorsicherheit [BMU] (Hrsg.) (1996): Schritte zu einer nachhaltigen, umweltgerechten Entwicklung: Umweltziele und Handlungsschwerpunkte in Deutschland. Grundlage für eine Diskussion. Bonn.

Bundesregierung (Hrsg.) (1994): Umwelt 1994 - Politik für eine nachhaltige, umweltgerechte Entwicklung. Bundestagsdrucksache 12/8451 vom 6. 9. 1994.

Bundesregierung (Hrsg.) (1996): Antwort der Bundesregierung auf die Große Anfrage der Abgeordneten Michael Müller (Düsseldorf), Anke Fuchs (Köln), Wolfgang Behrendt, weiterer Abgeordneter und der Fraktion der SPD. Bundestagsdrucksache 13/2395 vom 23. 4. 1996.

Bundesregierung (Hrsg.) (1997): Auf dem Weg zu einer nachhaltigen Entwicklung in Deutschland. Bericht der Bundesregierung anläßlich der VN-Sondergeneralversammlung über Umwelt und Entwicklung 1997 in New York. Bonn.

Buttermann, H.G. (1994): Zur Interdependenz zwischen Energieverbrauch und Kapitaleinsatz - dargestellt am Beispiel der Zementindustrie. RWI-Mitteilungen 45, S. 147-175.

Conrad, K./Wang, J. (1993): Quantitative Umweltpolitik: Gesamtwirtschaftliche Auswirkungen einer CO_2-Besteuerung in Deutschland (West). In: Jahrbücher für Nationalökonomie und Statistik 212, S. 309-323.

Deggau, M. (1995): Statistisches Informationssystem zur Bodennutzung. Erhebung der Bodenbedeckungsarten in den neuen Ländern und Berlin. Wirtschaft und Statistik, S. 893-900.

Destais, G. (1996): Economic Effects of Environmental Policies and Constraints: What Can We Learn from Computable General Equilibrium Models? In: Facheux, S./ Pearce, D.W./ Proops, J.L.R. (Hrsg.): Models of Sustainable Development. Cheltenham/ Brookfield.

Dieren, W. van (Hrsg.) (1995): Mit der Natur rechnen. Der neue Club-of-Rome-Bericht: Vom Bruttosozialprodukt zum Ökosozialprodukt. Basel/Boston/Berlin.

DIW [Deutsches Institut für Wirtschaftsforschung] (1994): Ökosteuer - Sackgasse oder Königsweg? Wirtschaftliche Auswirkungen einer ökologischen Steuerreform. Ein Gutachten im Auftrag von Greenpeace e.V.. Berlin.

Enquete-Kommission SE [Enquete-Kommission „Schutz der Erdatmosphäre“ des Deutschen Bundestages] (Hrsg.) (1994): Mobilität und Klima. Bonn.

Enquete-Kommission SE [Enquete-Kommission „Schutz der Erdatmosphäre“ des Deutschen Bundestages] (Hrsg.) (1995): Mehr Zukunft für die Erde. Bonn.

Enquete-Kommission SMU [Enquete-Kommission „Schutz des Menschen und der Umwelt“ des Deutschen Bundestages] (Hrsg.) (1994): Die Industriegesellschaft gestalten. Bonn.

Enquete-Kommission SMU [Enquete-Kommission „Schutz des Menschen und der Umwelt“ des Deutschen Bundestages] (Hrsg.) (1997): Konzept Nachhaltigkeit. Fundamente für die Gesellschaft von morgen. Bonn.

Enquete-Kommission VSE [Enquete-Kommission „Vorsorge zum Schutz der Erdatmosphäre“ des Deutschen Bundestages] (Hrsg.) (1991): Schutz der Erde. Bonn.

Ewringmann, D. (Hrsg.) (1995): Ökologische Steuerreform: Steuern in der Flächennutzung. Berlin.

Ewringmann, D./ Bizer, K. (1995): Die Naturschutzabgabe als Lenkungsinstrument in der Flächennutzung. In: Ewringmann, D. (Hrsg.): Ökologische Steuerreform: Steuern in der Flächennutzung. Berlin, S. 37-136.

Faber, M./ Proops, J.L.R. (1993): Evolution, Time, Production and the Environment. 2. Auflage, Berlin/ Heidelberg/ New York u.a.

Fankhauser, S. (1995): Valuing Climate Change. London.

Georgescu-Roegen, N. (1990): Production Process and Dynamic Economics. In: Baranzini, M./ Scazzieri, R. (Hrsg.): The Economic Theory of Structure and Change, Cambridge/ New York/ Port Chester u.a., S. 198-226.

Hillebrand, B./ Wackerbauer, J./ Behring, K./ Karl, H.-D./ Lehr, U./ Oberheitmann, A./ Ratzenberger, R./ Siebe, T./ Storchmann, K.-H. (1996): Gesamtwirtschaftliche Beurteilung von CO_2-Minderungsstrategien. Essen.

Holub, H.-W./ Schnabl, H. (1994): Input-Output-Rechnung: Input-Output-Analyse. Einführung. München/ Wien.

IPCC [Intergovernmental Panel on Climate Change] (Hrsg.) (1992): Climate Change. The Supplementary Report to the IPCC Scientific Assessment. Cambridge.

IPCC [Intergovernmental Panel on Climate Change] (Hrsg.) (1994): Climate Change. Radiative Forcing of Climate Change. The 1994 Report of the Scientific Assessment Working Group of IPCC, WMO. Genf.

Jorgenson, D.W./ Wilcoxen, P.J. (1993): Reducing US Carbon Emissions: An Econometric General Equilibrium Assessment. Resource and Energy Economics 15, S. 7-25.

Keuning, S.J. (1996): The NAMEA Experience. An Interim Evaluation of the Netherlands' Integrated Accounts and Indicators for the Environment and the Economy. Beitrag zum „International Symposium on Integrated Environmental and Economic Accounting in Theory and Practice“, Tokio, 5.-8. März 1996.

Klepper, G./ Lorz, J.-O./ Stähler, F./ Thiele, R./ Wiebelt, M. (1994): Empirische allgemeine Gleichgewichtsmodelle. Struktur und Anwendungsmöglichkeiten. Jahrbücher für Nationalökonomie und Statistik 213, S. 513-544.

Krack-Roberg, E./ Schäfer, D. (1997): ESI Deutschland Teil II. Bodenbedeckung. Abschlußbericht. Wiesbaden.

Kuhn, M./ Radermacher, W./ Stahmer, C. (1994): Umweltökonomische Trends 1960 bis 1990. Wirtschaft und Statistik, S. 658-677.

Lorenz, H.-W. (1993): Nonlinear Dynamical Economics and Chaotic Motion. 2. Auflage. Berlin/ Heidelberg/ New York.

Lutz, C. (1995): Modeling Air Pollution in Germany: A First Approach. In: Janoska, J.J./ Monaco, L.S. (Hrsg.): Papers from the Second INFORUM World Conference. College Park, S. 189-198.

Lutz, C. (1998): Umweltpolitik und die Emissionen von Luftschadstoffen. Eine empirische Analyse für Westdeutschland. Berlin.

Ma, Q. (1997): A Bilateral Trade Model for the INFORUM International System. In: Tomaszewicz, L. (Hrsg.): Proceedings of the 3rd World INFORUM Conference. Lodz, S. 135-183.

Majer, H./ Stahmer, C. (1996): Wie definiert, mißt und schließt man regionale Nachhaltigkeitslücken? In: Reich, U.-P./ Stahmer, C./ Voy, K. (Hrsg.): Kategorien der Volkswirtschaftlichen Gesamtrechnung. Band 1: Raum und Grenzen. Marburg, S. 285-319.

Meyer, B./ Bockermann, A./ Ewerhart, G./ Lutz, C. (1997): Was kostet eine Reduktion der CO_2-Emissionen? Ergebnisse von Simulationsrechnungen mit dem umweltökonomischen Modell PANTA RHEI. Beiträge des Instituts für Empirische Wirtschaftsforschung der Universität Osnabrück 55, Osnabrück.

Meyer, B./ Bockermann, A./ Ewerhart, G./ Lutz, C. (1998): Marktkonforme Umweltpolitik. Wirkungen auf Luftschadstoffemissionen, Wachstum und Struktur der Wirtschaft. Heidelberg.

Meyer, B./ Ewerhart, G. (1993): Die "saubere" Dienstleistungsgesellschaft. Eine konsistente Projektion? In: Schnabl, H. (Hrsg.): Ökointegrative Gesamtrechnung. Ansätze, Probleme, Prognosen. Berlin/ New York, S. 215-231.

Meyer, B./ Ewerhart, G. (1995): INFORGE. Ein disaggregiertes Simulations- und Prognosemodell für die Bundesrepublik Deutschland. Beiträge des Instituts für Empirische Wirtschaftsforschung der Universität Osnabrück 44, Osnabrück. Erscheint 1998 in: Lorenz, H.-W./ Meyer, B. (Hrsg.): Studien zur Evolutorischen Ökonomik IV, Berlin.

Meyer, B./ Ewerhart, G. (1997): Lohnsatz, Produktivität und Beschäftigung. Ergebnisse einer Simulationsstudie mit dem disaggregierten ökonometrischen Modell INFORGE. In: Schnabl, H. (Hrsg.): Innovation und Arbeit: Fakten - Analysen - Perspektiven. Tübingen, S. 253-267.

Meyer, B./ Ewerhart, G. (1998): Multisectoral Policy Modelling for Environmental Analysis. In: Uno, K./ Bartelmus, P. (Hrsg.): Environmental Accounting in Theory and Practice. Amsterdam.

Michaelis, P. (1997): Effiziente Klimapolitik im Mehrschadstoffall. Eine theoretische und eine empirische Analyse. Kieler Studien 280. Tübingen.

Mohs, B./ Meiners, H.-G. (1994): Kriterien des Bodenschutzes bei der Ver- und Entsiegelung von Böden. UBA-TEXTE 50/94. Berlin.

Nyhus, D. (1991): The INFORUM International System. Economic Systems Research 3, S. 55-64.

Nyhus, D./ Wang, Q. (1997): Investment and Exports: A Trade Share Perspective. Beitrag zur „Fifth INFORUM World Conference", Bertinoro, 15.-20. September 1997.

Prognos AG (1993): Bewertung der wirtschaftlichen Auswirkungen einer CO_2-Abgabe. Basel.

Proops, J./ Faber, M./ Wagenhals, G. (1993): Reducing CO_2 Emissions. A Comparative Input-Output-Study for Germany and the UK. Berlin/ Heidelberg/ New York u.a.

Radermacher, W./ Stahmer, C. (1996): Abschied vom Wohlfahrtsmaß - Monetäre Bewertung in den Umweltökonomischen Gesamtrechnungen. In: Statistisches Bundesamt (Hrsg.): Wohlfahrtsmessung - Aufgabe der Statistik im gesellschaftlichen Wandel. Stuttgart, S. 174-198.

Schöb, R. (1995): Zur Bedeutung des Ökosteueraufkommens: Die Double-Dividend-Hypothese. Zeitschrift für Wirtschafts- und Sozialwissenschaften 115, S. 93-117.

Selten, R. (1991): Evolution, Learning, and Economic Behavior. Games and Economic Behavior 3, S. 3-24.

Shackle, G.L.S. (1958): Time in Economics. Amsterdam.

Shoven, J.B./ Whalley, J. (1992): Applying General Equilibrium. Cambridge.

Siebert, H. (1995): Economics of the Environment. Theory and Practice. 4. Auflage, Berlin/ Heidelberg/ New York u.a.

SRU [Rat von Sachverständigen für Umweltfragen] (1996): Umweltgutachten 1996. Zur Umsetzung einer dauerhaft-umweltgerechten Entwicklung. Bundestagsdrucksache 13/4108, Bonn.

SRW [Sachverständigenrat zur Begutachtung der gesamtwirtschaftlichen Entwicklung] (1996): Reformen voranbringen. Jahresgutachten 1996/97. Stuttgart.

Statistisches Bundesamt/ Statistics Netherlands (1996): The Construction of Abatement Cost Curves. Methodological Steps and Empirical Results. Wiesbaden/ Voorburg.

Stephan, G. (1993): Myopic Decision Rules and the Innovation of Techniques: Formulation and Solution of Intertemporal Equilibrium Models. Structural Change and Economic Dynamics 4, S. 127-143.

Thomas, J. (1993): Aufbau der Emittentenstruktur der Bundesrepublik Deutschland im Rahmen der Umweltökonomischen Gesamtrechnung. Wirtschaft und Statistik, S. 432-446.

Thomas, J. (1996): Luftemissionsentwicklung der Produktionsbereiche. Ergebnisse aus der Datenbank Emittentenstruktur der Umweltökonomischen Gesamtrechnung. Wirtschaft und Statistik, S. 40-52.

Umweltbundesamt (Hrsg.) (1989): Luftreinhaltung '88. Tendenzen - Probleme - Lösungen. Berlin.

Umweltbundesamt (Hrsg.) (1994): Daten zur Umwelt 1992/93. Berlin.

Umweltbundesamt (Hrsg.) (1997): Jahresbericht 1996. Berlin.

Vereinte Nationen (Hrsg.) (1993): Integrated Environmental and Economic Accounting. Handbook of National Accounting. Studies in Methods. Series F 61. New York.

Weizsäcker, E.U. von (1994): Erdpolitik. 4. Auflage, Darmstadt.

Wicke, L. (1993): Umweltökonomie. Eine praxisorientierte Einführung. 4. Auflage, München.

Witt, U. (1987): Individualistische Grundlagen der evolutorischen Ökonomik. Tübingen.

Personenverzeichnis

Sachverzeichnis